河北金融学院学术著作出版基金资助项目（JY20CZ05）

河北省高等学校人文社会科学研究项目(SD201047)

河北省科技金融协同创新中心、河北省科技金融重点实验室开放基金项目（STFCIC201903）

独立董事监督的
影响因素与经济后果研究

李俊强 著

Research on Influencing Factors and
Economic Consequences
of Independent Director Supervision

人民出版社

策划编辑：郑海燕
封面设计：胡欣欣
责任校对：周晓东

图书在版编目（CIP）数据

独立董事监督的影响因素与经济后果研究/李俊强 著. —北京：人民出版社，
  2022.8
ISBN 978－7－01－024846－2

Ⅰ.①独… Ⅱ.①李… Ⅲ.①上市公司-董事-监督-影响因素-研究-中国
②上市公司-董事-监督-经济效果-研究-中国 Ⅳ.①F279.246

中国版本图书馆 CIP 数据核字（2022）第 108872 号

独立董事监督的影响因素与经济后果研究
DULI DONGSHI JIANDU DE YINGXIANG YINSU YU JINGJI HOUGUO YANJIU

李俊强 著

人 民 出 版 社 出版发行
（100706 北京市东城区隆福寺街 99 号）

北京九州迅驰传媒文化有限公司印刷 新华书店经销

2022 年 8 月第 1 版 2022 年 8 月北京第 1 次印刷
开本：710 毫米×1000 毫米 1/16 印张：13.75
字数：200 千字

ISBN 978－7－01－024846－2 定价：70.00 元

邮购地址 100706 北京市东城区隆福寺街 99 号
人民东方图书销售中心 电话（010）65250042 65289539

目　录

前　言

由于现代公司的所有权和经营权的分离,股东与经理人之间的利益冲突使股东的利益可能被侵害(Jensen 和 Meckling,1976;Berle 和 Means,1932),如何保护股东合法利益成为公司治理的主要内容。独立董事制度被认为可以较好地解决股东对经理人监督问题(Fama 和 Jensen,1983;Hermalin 和 Weisbach,1988),保护股东利益最大化。然而,21 世纪初美国的安然公司(Enron Corporation)造假等丑闻曝光,使理论界和实务界对董事会中的监督功能缺失和独立董事有效监督问题重新引起重视。作为发展中国家,中国上市公司中存在"任人唯亲"和"逆淘汰"等问题,使独立董事的监督功能大打折扣,被戏称为"花瓶"董事和"不独不懂"。

以我国的上市公司为研究对象,研究期间共有 295 家公司发生 9582 次违规行为,而同期仅有 161 家公司发生 763 次独立董事出具否定意见。所以无论从公司数量还是违规与否定意见的数量,违规发生远远高于出具否定意见。上市公司发生违规行为时,独立董事并不能及时履行监督职责而出具否定意见。既然中国上市公司的独立董事效果不尽如人意,那么独立董事如何履行监督职能,哪些因素影响监督行为并造成什么经济后果。以往文献把独立董事比例或数量作为代理变量考察监督职能的方法,存在逻辑上跳跃,研究结果可能存在严重偏差。因此,本书对独立董事具体监督行为——出具否定意见的研究不仅具有重要的理论意义,而且具有重要的现实意义。

本书从独立董事出具否定意见的视角出发,着重分析议案事项和违规对否定意见的影响机制,并进一步分析出具否定意见对独立董事连任的影响。本书分为五章,各章的主要内容和逻辑关系如下。

第一章是文献综述,为本书研究提供重要理论借鉴和启示。通过对国内外独立董事监督最新文献进行梳理,从公司层面因素,独立董事层面因素以及经济后果等方面研究进行综述。研究发现,在公司业绩差、公司治理差和外部治理有效时,独立董事愿意出具否定意见;会计、法律、政府背景与第二任期的独立董事履行监督功能较好。独立董事出具否定意见后面临更高概率的离职,为无异议的独立董事达 2.1 倍。被出具否定意见的上市公司,在短期内面临股价下跌、更易被出具"非标"意见、更易被违规处罚、更容易发生高管更迭;在长期内减少控制股东侵占行为、增加债权保护和提高公司业绩。

第二章旨在分析独立董事具体监督行为对出具否定意见影响。从明确监管议案事项、非明确监管事项和股权分置改革三个方面深入考察对独立董事出具否定意见的影响。研究发现,在我国上市公司中,对明确监管议案事项出具否定意见概率低,说明由于"逆淘汰"机制和"任人唯亲"董事会文化的存在使监督效果大打折扣。同时发现,在股权分置改革后,独立董事对议案事项出具否定意见概率更低;出于规避法律风险,独立董事对明确监管事项出具否定意见概率相对较高。

第三章旨在分析特定情境下(违规)独立董事如何履行监督职能。当公司违规时,独立董事出具否定意见与否是检验其能否履行监督职能明证。研究发现,公司违规、"非标"意见发生时,独立董事出具否定意见概率显著增加,独立董事能够起到一定监督作用。同时发现,独立董事更倾向违规公告后出具否定意见,更多是自保之举;对于"逆淘汰"公司的违规事件,独立董事倾向于不出具否定意见。

第四章旨在分析出具否定意见对独立董事连任的影响。从否定意见的具体类型、董事会议案事项和是否集体行动三个方面考察了对董事会议案说"不"与独立董事未来是否在第一任期结束后实现连任之间的关系。在我国公司治理实践中,出具否定意见的方式(委婉或直接、集体或单独)有时比否定意见本身更加重要;即使同样是否定性意见,但如果针对的董事会议案事项不同,独立董事未来连任的可能性也不同。一般而言,明确出具反对意见的,针对内部人的反对事项,以及集体说不的独立董事未来连任的可能性更低,因而独立董事所预期的公司治理角色由于上述"逆淘汰"机制和"任人唯亲"的董事会文化的存在而大打折扣。

第五章尝试探析公司外部监督("非标"意见)与内部监督(否定意见)在违规处罚中的作用机制。为了更好地识别"非标"意见与否定意见对违规处罚的因果关系,从"非标"意见先行潜在违规处罚路径和否定意见先行潜在违规处罚路径出发,分析了"非标"意见、否定意见及二者交乘效应对违规处罚的影响。基于我国上市公司的相关监督数据,从"非标"意见与否定意见不同发生路径证实"非标"意见与否定意见在违规处罚中的作用机制,探究内外监督对违规处罚的真实路径。

结束语主要分析本书的特色、创新点以及政策含义。

第一,打开独立董事履行监督职能的"黑匣子"。从独立董事监督本身和外部监管两方面分析影响出具否定意见的因素。通过研究独立董事出具否定意见的影响因素和对自身的经济后果,打开了董事会决策过程的"黑匣子",从而可以避免使用"董事长是否兼任总经理""独立董事比例""独立董事数量"等代理变量由于逻辑跳跃过大对结果稳健性产生巨大挑战。通过考察每位独立董事可观察、可证实的投票行为,分析否定意见的影响因素和对独立董事自身连任的影响,从而可以较好地厘清独立董事监督机制。

第二,不仅聚焦独立董事的监督行为(出具否定意见)而且考察具体监督过程。国外大多数研究独立董事的相关文献采用董事会中可观察特征来间接度量独立董事(Adams、Hermalin 和 Weisbach,2010;Hamdanih 等,2007)。由于我国证监会要求披露董事会决策的投票数据,2010 年以来有少量文献对独立董事的否定意见或争议行为的市场反应、离职等进行初步研究,但未发现文献对出具否定意见本身进行研究,所以本书不仅研究否定意见而且研究否定意见相对应的议案事项和行动类型,这样可以更加细致地刻画独立董事的治理机制。

第三,从外部监管视角,检验公司违规情景下,独立董事如何出具否定意见。通过建立逻辑回归模型等把公司违规与出具否定意见联系起来,更加直接地检验独立董事的监督职能。由于受到信息不对称性、相关议案事项的专业性等因素影响,很难判断独立董事是否较好地履行职责。但是在公司违规情景下独立董事如何行为或是否出具否定意见是检验其是否履行监督职能的明证。本书首次从经验证据上研究公司违规对独立董事出具否定意见的影响，丰富了相关研究文献。

绪　　论

第一节　选题背景

独立董事实际如何监督大股东和管理层从而保护中小股东利益是公司治理领域关注的重点(Berle 和 Means，1932；Fama 和 Jensen，1983；Gutiérrez Urtiaga 和 Sáez Lacave，2012；Adams 和 Ferreira，2007；Schwartz-Ziv 和 Weisbach，2013)。由于现代公司的所有权和经营权的分离(Berle 和 Means，1932)，股东与经理人之间的利益冲突使股东的利益可能被侵害(Jensen 和 Meckling，1976)，如何保护股东合法利益成为公司治理的主要内容。另外，由于上市公司股东的多元化和股权结构分散化，使大股东与中小股东存在潜在利益冲突，有效保护投资者(中小股东等)利益是上市公司运行的重要保障。独立董事制度可以较好地解决股东对经理人的监督问题(Fama 和 Jensen，1983；Hermalin 和 Weisbach，1988)，保护股东利益最大化。独立董事也是保护中小股东的第一道防线(Juan Ma 和 Tarun Khanna，2013)。同时，独立董事监督的管理层对独立董事任命具有重大影响（Shivdasani 和 Yermack，1999；Dahya、Dimitrov 和 Mcconnell，2008）。独立董事履行监督职能的激励主要来自人力资本市场的声誉机制（Fama 和 Jensen，1983），通过有效的监督行为向市场传递负责任、有能力的积极信号，提升自身声誉，从而提高在人力资本市场获得董事席位的概率。然而，21 世纪初美国的安然公司造假丑闻的曝光，使理论界和实务界对董事会中的监督功能缺失和独立董事监督有效性问题重新引起人们重视。由于董事会决策过程和独立董事实际监督行为等是不可观察的，更加难以量化（Adams、Hermalin 和 Weisbach，2010），所以公司治理的相关文献大多研究公司绩效与采用董事会特征或独立董事特征变量之间关系。而相关实证研究结果并不一致，有的研究发现，独立董事比例与公司绩效之间是正相关的（Duchin 等，2010；叶康涛等，2007；王跃堂等，2006），而有的研究发现，独立董事比例与公司绩效之间是不相关或负相关的（Andres 和 Vallelado，2008；于东智、王化成，2003；李常青、赖建清，2004）。以独立董事占董事会比例为解释变量，有的研究发现独立董事对盈余管理和"掏空"没有发挥监督作用（王兵，2007；高雷等，2006）而有的研究则发现独立董事能够起到一定监督作用（郑美春、李文耀，2011）。以业绩与独立董事占比等指标的间接考察，由于逻辑跳跃过大和内生性等问题往往造成分析结果存在偏差（Pettigrew，1992）。所以，研究独立董事治理机制和监管功能需回归实际监督过程。而中国证监会为了提高独立董事有效性，强制上市公司披露董事会投票数据，特别独立董事必须对重大事件需要独立公开发表意见，这为打开独立董事监督"黑匣子"提供重大契机。2010 年以来，唐雪松等（2010）、叶康涛等（2011）和姜纬等

（Jiang Wei 等，2016）证实独立董事出具否定意见后离职概率大大增加，公告后的市场超额累积回报率显著为负等，为研究独立董事监督过程拉开序幕。

虽然理论上独立董事对公司治理有至关重要的作用，但是独立董事实际履职效果与理想状况相去甚远。为了更好地了解独立董事出具否定意见在抑制违规发生中的具体作用，把 2004—2015 年独立董事出具否定意见的数量与违规发生次数制作如图 1-1 所示。

（单位：次）

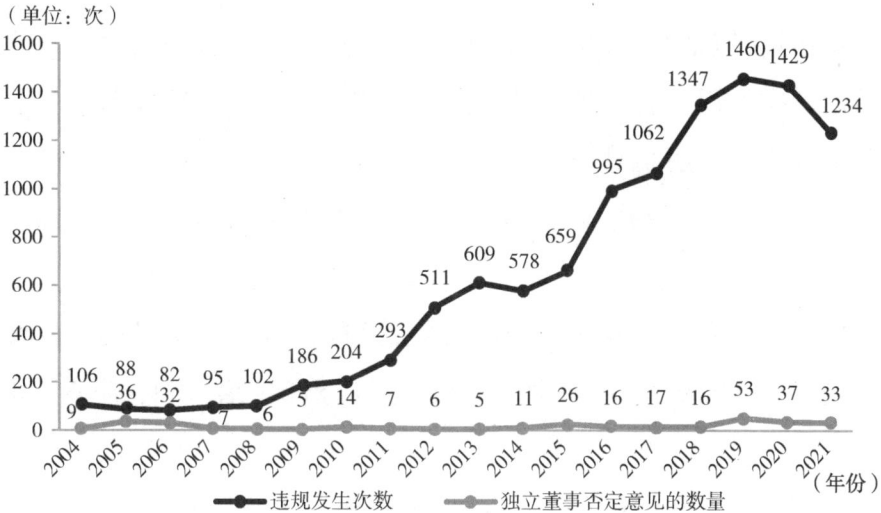

图 1-1　2004—2021 年违规数量与否定意见数量

从图 1-1 可以直观地看到违规发生数量远远超过当年否定意见数量。对于否定意见而言，2007 年是一个重要分界点，在 2007 年之前，独立董事出具否定意见的数量相对较多，而 2007 年后出具否定意见数量锐减；但违规行为并没有呈现类似趋势，而是在 2014 年下降之后逐渐上升，2019 年之后再呈下降趋势。我国上市公司经过 20 多年的发展，到 2015 年已经有 2860 家上市公司。对于 2015 年而言,在 2860 家上市公司 43079 次独立董事意见中,仅有 26 次否定意见;但是 2015 年上市公司却发生违规 659 次,其中公司违规 369 次,个人违规 290 次,2015 年到 2019 年公司违规次数持续上升,而独立董事出具否定意见的数量则有小幅度上升。对于 2019 年而言,在 3777 家上市公司 67314 次独立董事意见中,否定意见仅有 53 次,而 2019 年上市公司发生违规 1460 次,其中公司违规 839 次,个人违规 621 次。在 2019 年后公司违规数量及独立董事否定意见数量同时下降,分别为 2021 年的 1234 次和 33 次[①]。从上面数据可以看出,独立董事对上市公司监督有一定作用,但是监督效果差强人意。虽然整体上看独立董事在公司治理中作用没有达到理论预想的理想状态,但是独立董事在公司治理作用正逐步显现。例如,在 2016 年我国资本市场上的焦点"万宝之争"有具体表现。其中 2016 年 6 月 17 日晚,万科发布公告称,董事会通过有关关联交易议案,议案的主要内容为,拟购买深圳地铁持有的前海国际全部股权,万科将就本次交易向地铁集团发行 2872355163 股 A 股股份。万科公告显示,当日到场董事 11 名,7 人赞成,华润方的 3 位董事均反对,独立董事 Z 以与此次交易存在关联和利益冲突为由进行回避。万科公告发出后,华润方面亦发表声明质疑决议通过的合法性。华润公司认为回避的董事应计入投票董事人数,所以议案没有获得通过。而万科方面认为回避董事不计入投票董事人数,所以议案通过[②]。仅仅 1 名独立董事将直接决定最终议案能否通过,所以不管决议是合法或违规,都充分显示独立董事在重大事件中的重要性。另外,在"万宝

---

① 资料来源:国泰安数据库,https://www.gtarsc.com/。
② 资料来源:同花顺财经,http://www.10jqka.com.cn/。

之争"中,万科公司独立董事 H 在媒体频繁发声,披露相关信息和阐明自己观点,不管他是为管理层辩解也好,为公众股东发言也罢,都反映了独立董事在公司治理监督作用逐渐增加。

虽然独立董事可以通过辞职等方式发挥监督职能,但是更加直接和有效的方式却是出具否定意见。独立董事通过辞职方式监督有躲避责任之嫌,出具否定意见才能更能够体现其在公司治理中的价值所在。本书关注的基本问题为独立董事出具否定意见的影响因素和经济后果。不仅考察了公司特征因素和独立董事个人特征因素对出具否定意见的影响,而且考察了独立董事出具否定意见的议案事项、出具否定意见的行动类型和监管视角下的违规对否定意见的影响。关于对独立董事本身的经济后果,不是对独立董事是否离职的考察而是进一步考察对独立董事连任影响。通过对出具否定意见的系统考察,可以更加清晰地了解独立董事监督的真实过程和作用机理。

第二节　研究意义

"舶来品"的独立董事制度在我国上市公司中起到了重要作用,同时也遭到理论界和实务界的质疑甚至嘲讽。我们通过对独立董事具体监督行为(出具否定意见)系统考察,揭示独立董事具体监督的运行过程和作用机理,分析影响出具否定意见的外在和内在因素以及对独立董事本身带来的经济后果,从而对丰富公司治理相关理论和完善监督制度和规则都具有重要意义。

一、理论意义

本书研究的理论意义主要体现在以下三个方面：

一是研究独立董事出具否定意见，对于打开独立董事监督机制和董事会运行"黑匣子"意义重大。由于独立董事行为难以直接观察，以往文献大多以独立董事特征作为替代变量而未直接对监督过程考察，本书利用证监会上市公司强制披露的董事会投票数据，对具体监督过程进行分析，使研究结果更加稳健。

二是基于董事会议案事项和独立董事行动类型的分析，可以更好地理解独立董事如何实施监督，可以深入系统地掌握监督过程，将研究关注点回归监督行为本身。聚焦监督行为本身可以厘清监督的运行机制和作用机理，更加贴近现实地研究独立董事在公司治理的作用。

三是首次分析公司违规情景下，独立董事如何履行监督职能，逻辑清晰且直接考察独立董事履行监督职能，弥补了传统间接考察独立董事监督职能文献的缺憾。公司违规情形是考察独立董事是否有效的最佳场景，当公司发生违规并最后受到处罚的情景下，独立董事在此期间行为是检验其有效性的自然实验，也是独立董事监督文献的有益补充。

二、实践意义

本书研究的实践意义主要体现在以下三个方面：

一是有助于完善独立董事制度和相应管理细则。本书研究证实独立董事更加倾向对非明确监管事项出具否定意见，而对明确监管事项则不愿轻易出具否定意见。这可以为监管部门围绕不同议案事项出台更加细致管理办法提供参考和借鉴。

二是独立董事否定意见具有"信号"传递价值。通过对独立董事否定意见的影响因素分析，研究发现独立董事不轻易出具否定意见，一旦出具否定意见则说明公司存在比较严重的问题。对于市场上的投资者而言，出具否定意见的"信号"可以帮助他们作出"以脚投票"决定，出售持有股票，避免带来更大的潜在损失。

三是独立董事出具否定意见的原因很大程度上是对法律风险的考量，所以应对独立董事出具否定性意见的相关法律风险提供更加明确的指引，避免政策模糊地带。由于"逆淘汰"和劳动力市场的声誉机制错配，导致独立董事不愿监督更加不愿意明确反对。只有相关行为是明确违法时，独立董事出具否定意见的概率才显著提高。所以，本书研究成果对于监管机构进一步完善独立董事法律责任边界具有重要的政策含义。

第三节　研究框架

本书围绕独立董事出具否定意见的影响因素和经济后果，分析议案事项、行动类型和公司违规对出具否定意见的影响，进而考察出具否定意见对独立董事本身经济后果（连任），最后总结全文。独立董事可能通过离职或其他方式履行监督职能，但是更加直接和可观察证实的监督行为是出具否定意见，所以本书从否定意见角度考察独立董事如何履行监督职能。具体研究逻辑框架见图 1-2。

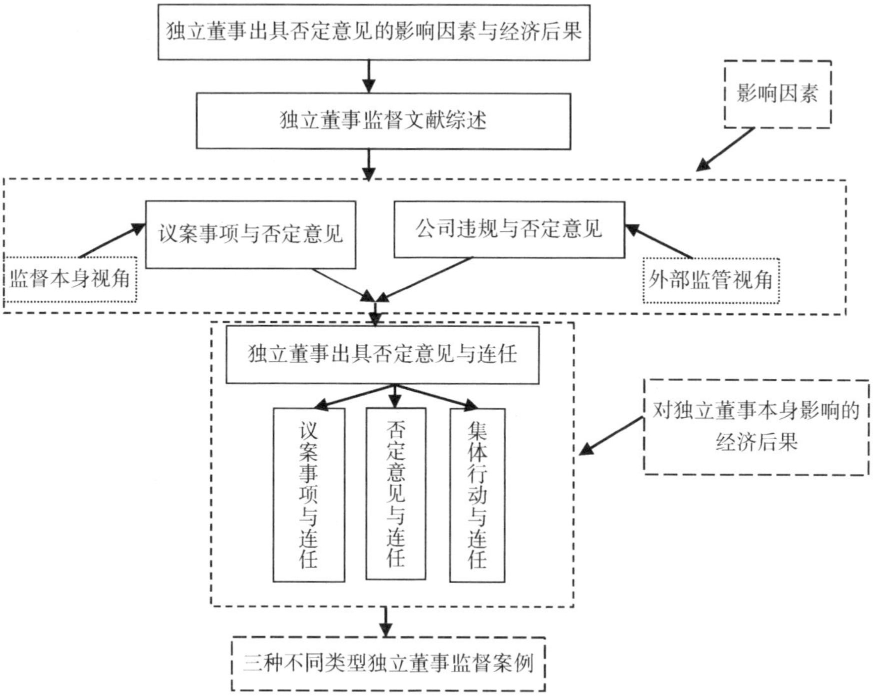

图1-2 研究逻辑框架

第四节 研究内容

本书共分为五章,由逻辑上连贯一致且能够独立成章的五章组成。各章的主要研究内容如下:

绪论主要介绍为什么做本选题、有什么意义、如何研究、研究什么和有何创新等,从而能够快速了解和掌握本书研究。

第一章文献综述,围绕独立董事监督影响因素和经济后果的文献进行综述,主要从公司层面影响因素、独立董事层面影响因素和独立董事监督的经济后果三方面展开文献梳理和评述。其中,公司层面影响因素围绕公司业绩、公司治理水平和外部环境三方面分别对文献进行梳理和评述。独立董事层面影响因素为职业背景、社会关系和任期等分别对文献进行梳理和评述。独立董事监督的经济后果主要从对公司方面的经济后果和对独立董事方面的经济后果。通过对上述文献梳理,确定本书的研究重点和创新点,为本书的研究奠定理论基础。

第二章议案事项与独立董事否定意见。从明确监管议案事项、非明确监管事项和股权分置改革三方面深入考察对独立董事出具否定意见的影响。研究发现,在我国上市公司中,对明确监管议案事项出具否定意见概率低,说明由于"逆淘汰"机制和"任人唯亲"董事会文化的存在使监督效果大打折扣。同时发现,在股权分置改革后,独立董事对议案事项出具否定意见概率更低;出于规避法律风险,独立董事对明确监管事项出具否定意见概率相对较高。本书的政策启示是监管层应加强对各类议案事项检查力度而非仅仅明确监管事项;科学厘清独立董事在董事会决策中责任边界,明确独立董事承担法律风险。

第三章公司违规与独立董事否定意见。独立董事出具否定意见是独立董事履行监督职能最直接方式。当公司违规时,独立董事出具否定意见与否是检验其能否履行监督职能明证。利用独立董事投票的相关数据,使用 Logit 回归方法,研究发现如下。第一,公司违规发生将使独立董事出具否定意见概率显著增加,违规次数增加时,否定意见数量增加。也就是违规发生即使还没有被处罚,独立董事能够出具否定意见抑制可能带来的负面影响,能够起到一定监督职能。这与唐雪松(Tand 等,2013)的研究结果保持一致。虽然我国上市独立董事的监督职能受到质疑和嘲讽,但是独立董事仍然发挥一定监督作用。如果没有独立董事监督,我国上市公司治理要比现在更差。第二,被会计师事务所出具"非标"意见后,独立董事出具否定意见概率显著增加。当潜在违规行为——被出具"非标"意见后,独立董事更关注和重视公司存在问题,从而出具否定意见纠正和解决相应问题。当有市场第三方指出公司存在问题时,这时监管方和其他市场主体已经获悉相关信息,独立董事就不能纵容违规发生(邓可斌、周小丹,2012),而是出具否定意见向市场传递监督信号。虽然独立董事势单力薄,但是当有第三方力量进行监督时,独立董事监督效果更好、监督作用更强。第三,尽管独立董事能够起到一定监督作用,但是主动监督不足,更可能是消极被动之举。通过比较违规处罚公告前后三年否定意见均值,分析实际违规发生与违规处罚公告时,独立董事监督行为差异。通过否定意见均值差异检验和违规公告前后对否定意见影响的回归分析,发现独立董事更倾向违规公告之后出具否定意见,而实际违规时否定意见数量相对较少,从而证实独立董事能够起到一定监督作用,但是更可能是消极被动的自保之举。第四,当"逆淘汰"公司违规时,独立董事倾向不出具否定意见。虽然独立董事通过出具否定意见对违规事件进行抑制或揭发,但是面临明确被淘汰风险时,独立董事倾向不出具否定意见。也就是当公司治理很差时,独立董事不能够勇于承担监督职责而更多选择对违规事件默认。所以当存在"逆淘汰"效应时,独立董事监督作用将大打折扣。

第四章独立董事否定意见与换届未连任。在公司治理实践中,对董事会议案出具否定性意见是独立董事履行监督职能最具代表性的行为。利用我国上市公司独立董事对议案发表意见的独特数据,从否定意见的具体类型、董事会议案事项和是否集体行动三个方面实证考察了对董事会议案说"不"与独立董事未来是否在第一任期结束后实现连任之间的关系,一定程度上揭开了独立董事的实际监督过程这一"黑匣子",丰富了理论界和实务界对独立董事真实履职情况的认识。在公司治理中,出具否定意见的方式有时比否定意见本身更重要;同为否定性意见,针对不同的议案事项,未来连任的概率也不一样。本章的研究表明,由于我国上市公司中存在独立董事更迭的"逆淘汰"机制与"任人唯亲"的董事会文化,出具明确反对意见的独立董事,反对针对内部人的人事任免等事项的独立董事,以及集体说"不"的独立董事在第一任期届满后获得连任的可能性较低,因而,独立董事并没有扮演预期的公司治理角色。本章的研究由此提醒公司治理的理论界和实务界需要深刻反思出现上述"逆淘汰"机制的制度和文化根源,以切实提高我国上市公司独立董事制度的有效性。例如,监管当局应该为独立董事出具否定性意见的相关法律风险提供更加明确的指引,避免政策模糊地带,将有利于独立董事更好地履行监督职能。

第五章尝试探析公司外部监督("非标"意见)与内部监督(否定意见)在违规处罚中的作用机制。为了更好地识别"非标"意见与否定意见对违规处罚的因果关系,从"非标"意见先行潜在违规处罚路径和否定意见先行潜在违规处罚路径出发,分析"非标"意见,否定意见及二者交乘效应对违规处罚的影响。基于我国上市公司的相关监督数据,从"非标"意见与否定意见不同发生路径证实"非标"意见与否定意见在违规处罚中的作用机制,探究内外监督对违规处罚的真实路径。

最后为结束语,概括研究的主要结论,总结本书的创新点及贡献,提出相关的政策建议。

第五节　研究方法

本书将以我国上市公司的独立董事为研究对象,综合运用规范分析法(Normative Analysis)、实证研究方法(Empirical Analysis)和比较分析法(Comparative Analysis)等,对我国的上市公司独立董事出具否定意见的影响因素和经济后果进行理论分析和经验分析。

一、规范分析法

根据公司治理的基本理论和我国上市公司的特征,使用规范分析法研究议案事项对出具否定意见的影响,公司违规对出具否定意见的影响以及否定意见对独立董事连任经济后果的规范分析。通过规范分析方法确定本书研究基本命题和待检假设。具体而言,对于明确监管的议案事项和非明确监管的议案事项对出具否定意见影响的逻辑推演,并借鉴心理学、社会学和管理学等学科内容,分析行动类型如何影响独立董事出具否定意见。

二、实证研究方法

以 2005 年到 2014 年上市公司为研究对象,分析使用统计分析、非参检验方法和回归分析等方法,对独立董事出具否定意见的影响因素和经济后果进行定量分析。使用逻辑回归系列方法、均值差异检验和样本选择偏差模型（Heckman 两阶段自选择模型）等方法,检验议案事项、行动类型、公司层面因素和独立董事层面因素等对出具否定意见的影响。检验股权分置改革外生冲击事件对独立董事监督行为和监督结果的影响。通过上述定量分析方法,检验规范研究待检假设的正确性。

三、比较研究法

使用比较研究法,在控制其他因素条件下,分析出具否定意见独立董事与不出具否定意见独立董事的经济后果（独立董事连任）的差异。通过对比分析股权分置改革前后明确监管议案事项对独立董事出具否定意见的影响,本书发现比较有趣的研究结果,即股权分置改革后整个出具否定意见概率下降,但是对明确监管议案事项出具否定意见的概率显著增加。

第六节　特色与创新

本书特色和创新体现在以下几点:

第一,打开独立董事监督的“黑匣子”,揭示独立董事监督的公司治理效应。

从监督本身和外部监管两方面分析独立董事出具否定意见的影响因素,并探索独立董事出具否定意见对本身影响的经济后果。在独立董事具体监督行为（否定意见）与连任之间建立起一座“桥梁”,打开了董事会决策过程的“黑匣子”,避免使用“董事长是否兼任总经理”“独立董事比例”“独立董事数量等”等代理变量,由于逻辑跳跃过大,对结果稳健性产生巨大挑战。通过每位独立董事可观察可证实的投票行为考察其受到哪些因素影响和对连任的影响,可以较好地厘清独立董事监督机制。

第二,在监督本身视角下,分析议案事项和行动类型对否定意见的影响。

不仅聚焦独立董事的监督行为(出具否定意见)而且考察具体监督过程。国外大多数研究独立董事的相关文献采用董事会中可观察特征来间接度量独立董事(Adams,2010;Hamdani 等,2007)。由于我国证监会要求披露董事会决策的投票数据,近年来有少量文献对独立董事的否定意见或争议行为的市场反应、离职等进行初步研究,但未发现文献对出具否定意见本身进行研究,所以本书不仅研究否定意见而且研究否定意见相对应的议案事项和行动类型,这样可以更加细致刻画独立董事的治理机制。

第三,通过建立逻辑回归模型等把出具否定意见与公司违规联系起来,更加直接地检验独立董事的监督职能。由于受到信息不对称性、相关议案事项的专业性等因素影响,很难判断独立董事是否较好地履行职责。但是在公司违规情景下独立董事如何行为或是否出具否定意见是检验其是否履行监督职能的明证。首次从经验证据上研究公司违规对独立董事出具否定意见的影响,丰富了相关研究文献。

第四,本书从否定意见的类型、董事会议案事项和是否集体行动三个方面深入考察了独立董事对董事会议案说"不"这一直接而重要的监督行为对独立董事第一任期届满连任的经济后果,在一定程度上揭开了独立董事的实际监督过程这一"黑匣子",丰富了理论界和实务界对独立董事真实履职情况的认识。

　　第五,以第一任期届满后独立董事是否获得连任为评价标准,首次实证考察了否定意见的具体类型的经济后果,为否定意见的具体类型的相关效应存在差异提供了较早的证据。

第一章　文献综述

现代公司所有权与经营权分离和分散的股权结构,使股东很难有效监督经理层(Berle 和 Means,1932)。而独立董事制度有助于解决股东对经理人监督问题(Fama 和 Jensen,1983;Hermalin 和 Weisbanch,1988),保护股东利益最大化。赫尔曼、魏斯巴赫(Hermalin 和 Weisbach,1998)研究发现,当公司业绩不好时,内部董事可能离开公司而将增加独立董事数量,说明独立董事对公司绩效能够产生积极影响。一般而言,独立董事具有监督和咨询的双重基本职能。在短期内。监督职能和咨询职能能够共同提升公司绩效。但是,长期内,独立董事的咨询功能必然在一定程度上丧失"独立性"。因为独立董事提供咨询功能和直接参与业务,使独立董事与管理层的形成较强的关联和依赖,进而缺乏足够动力去监督大股东和管理层,从而造成监督功能大打折扣和损害公司的长期价值(刘浩等,2012)。所以独立董事的核心职能是监督大股东和 CEO,从而保障合理的公司治理结构和高效的公司治理机制。

现有研究独立董事监督职能的文献(于东智,2003;李常青、赖建清,2004;叶康涛、陆正飞和张志华,2007;郑志刚等,2012;唐清泉等,2005 等),大多使用独立董事比率对公司业绩和盈余管理、超额薪酬和隧道挖掘等行为影响进行分析。于东智(2003)使用独立董事占比指标,研究发现独立董事不能有效改善公司绩效,可能的原因是独立董事势单力薄且功能与监事会项冲突。李常青和赖建清(2004)以 1999 年至 2003 年沪市上市公司为样本,以独立董事数量占董事总数量等为解释变量,研究发现独立董事反而降低了公司业绩,与理论预期截然相反。叶康涛、陆正飞和张志华(2007)以 2000 年至 2003 年沪深制造业为样本,以独立董事占比为主要解释变量,发现独立董事能够抑制大股东占款等"掏空"行为,独立董事能够起到相应的监督作用。郑志刚等(2012)以 2005 年至 2009 年的上市公司为样本,考察独立董事独立性等因素对经理人超额薪酬的影响,研究发现独立董事不但无法抑制高额薪酬而且与管理者"合谋"提升高管薪酬,所以独立董事的监督并未体现。唐清泉等(2005)以 2001 年至 2003 年的上市公司为样本,以独立董事比例等为解释变量,大股东净占用公司总资产的比值、关联采购、关联销售、担保、资产买卖和发放股利等潜在的隧道挖掘行为,研究发现独立董事能够显著抑制关联交易行为,而对其他事项有影响但不显著。

上述文献从多个角度考察独立董事在公司治理中的监督作用,但是以业绩和独立董事占比等指标的间接考察。由于无法直接考察监督过程从而使研究逻辑跳跃过大以及内生性等问题往往造成分析结果存在偏差(Pettigrew,1992)。因此,回归独立董事监督过程才能揭开独立董事监督的"黑匣子"。由于受到数据获得性限制,国外罕见研究独立董事监督行为的文献,而我国强制披露的董事会投票数据为研究监督过程提供机遇。现在研究监督过程的文献多为中国学者，其中代表性的研究成果是胡安·马、塔伦·坎纳（Juan Ma 和 Tarun Khanna，2013）使用中国上市公司独立董事意见数据，研究发现独立董事异议倾向于使用温和、主观无过失的意见而公开批评的意见很少见，而且提出异议的独立董事离开独立董事劳动市场的概率显著增加并且损失超过年收入的 10%；唐雪松等（2010）研究表明，独立董事出具否定意见将增加离职概率，而且在上市公司兼职越多和薪酬越高则出具否定意见的概率越低；叶康涛等（2011）以 2005 年至 2007 年 A 股上市公司为样本，从独立董事层面和公司层面量方面分析独立董事出具否定意见情况，研究结果表明大多数情况下独立董事不会对董事议案出具否定意见，只有当业绩不佳时会质疑董事会相关议案；陈睿等（2015）利用 2005 年至 2011 年上市公司独立董事的意见数据，通过考察出具否定意见后 1 年至 3 年内独立董事离职和获得新职等方面，发现被独立董事质疑的上市公司群体中存在严重的"逆淘汰"效应，独立董事人力资本市场的声誉机制尚未有效。

既然独立董事的监督职能的履职情况和履职效果都不尽如人意，那么哪些因素影响独立董事出具否定意见，出具否定意见将产生哪些经济后果等问题迫切需要了解和解决。本书将围绕上述核心问题开展研究，并梳理相关研究成果。

本章围绕独立董事出具否定意见的影响因素和经济后果研究进行文献综述。

第一节　公司层面因素对独立董事
出具否定意见分析

独立董事履行监督职能,对不合规事项出具否定意见的出发点是改善公司治理和提升公司绩效。独立董事出具否定意见的直接原因与公司业绩、公司治理和外部环境等因素密不可分。

一、公司业绩

独立董事出具否定意见与其所在公司的业绩密切相关。当公司业绩差时,独立董事一方面面临股东的压力,寻求摆脱困境的良策,所以更加关注公司发展和董事会议案;另一方面,公司业绩不佳使公司很可能降为 ST 股票,对其个人声誉造成较大影响,所以独立董事更倾向对议案出具否定意见。

瓦尔瑟(Warther,1998)通过建立董事与经理人的模型,证实独立董事只有当其他董事提出质疑时,独立董事才更可能出具否定意见;当独立董事被解雇时,独立董事倾向出具否定意见。赫尔曼、魏斯巴赫(1998)通过分析管理层与股东之间的关系,研究发现由于公司业绩差导致 CEO 离任后,新任 CEO 更可能使内部董事更可能离开董事会而外部董事更可能加入董事会。康奈尔等(Cornell 等,2013)研究表明,被解雇的 CEO 更多是因为能力问题而不是道德风险行为。这说明董事会对公司的业绩非常看重,业绩较差时,独立董事更倾向对 CEO 的议案出具否定意见。黄旭辉等(Huang 等,2008)以 1999 年至 2003 年我国台湾地区的上市公司为样本,通过考察独立董事任命的市场反应,研究结果表明,当公司业绩很差时,CEO兼任董事长,大量现金流和高度信息不对称时,任命独立董事带来的市场正的异常收益率更高。当业绩不好时任命独立董事的市场正的异常收益更高,其主要原因是市场认为独立董事能更好地起到了监督作用,降低信息不对称性,从而改善公司业绩。

来自中国的经验证据表明公司业绩确实是影响独立董事出具否定意见的重要因素。叶康涛等(2011)使用2004年至2007年上市公司独立董事发表意见的数据,运用逻辑回归法和两阶段最小二乘法等方法,研究发现当公司业绩不佳时独立董事出具否定意见的可能性显著上升,所以业绩不佳的公司更可能被出具否定意见。

从上述研究的理论模型和经验分析可以看出,公司业绩应该是影响出具否定意见的重要考量。当公司业绩不佳时,一方面说明公司经营不善和公司治理不规范,另一方面说明公司潜在风险爆发的概率大大增加,独立董事被问责的风险上升,所以理性的独立董事更愿意这时候出具否定意见。

二、公司治理水平

公司治理水平是独立董事能够有效履行监督职能的重要保障。在"一股独大"和"任人唯亲"的公司,独立董事将无法有效监督。一方面,独立董事是大股东的朋友或朋友的朋友,存在重大关联,很难为了保护中小股东利益而对不合理的议案出具否定意见;另一方面,即使独立董事对董事会的议案出具否定意见也很难阻止该议案通过,反而会被排挤出董事会(唐雪松等,2010)。宁向东、张颖(2012)通过建立独立董事的行为决策模型,从社会关联、机会成本、外部监管和信息不对称性四个方面分析,研究发现独立董事与控股股东的私人关系、独立董事任职的机会成本和公司内部信息不对称程度都将降低监督的勤勉度。而外部监管加强将增加独立董事监督的勤勉度。

赵德武等(2008)通过从规模、能力、意愿和环境四个维度度量独立董事的监督力,发现履职环境对盈余稳健性的影响最大,人数规模和会计专业能力对盈余稳健性影响次之,而薪酬水平和声誉激励对盈余稳健性影响最小。控股股东对董事会的信息隐瞒会降低独立董事的勤勉度(宁向东、张颖,2012),所以公司的信息透明度也是影响监督的因素。当无法获得真实信息时,独立董事将很难有效履行监督职责与出具否定意见。

尽职独立董事对上市公司提出质疑却显著增加离职概率,而且其继任者的独立性和声誉水平均较低(陈睿等,2015),所以在我国的公司治理中存在"逆淘汰"效应。这使独立董事不愿履行监督职能,只有其面临较大声誉风险和法律责任时才会出具否定意见。

三、外部环境

不仅公司层面的公司业绩和公司治理水平会影响独立董事出具否定意见,而且其外在的市场环境、监管环境和人力资本市场也会影响独立董事出具否定意见。

杜巨澜等(2012)证明,外在的市场环境影响独立董事出具否定意见。具体而言,在契约履行好的省份或市场经济发达的省份,它们更可能不屈服管理层的威胁和干预,独立董事更可能保护股东利益,对不合规的议案事项出具否定意见。除外部的市场化水平和契约精神是独立董事出具否定意见的重要因素外,相关监管机构的监管力度也是重要影响因素。外部的监管力度能够同时促进独立董事监督的诚信度和勤勉度(宁向东、张颖,2012)。强的监管力度一方面可以使经理人规范经营行为,主动减少上市公司的违规行为;另一方面为了规避来自监管层的惩罚风险,独立董事会更加勤勉地履行监督职能。

法玛(Fama,1980)和法玛、詹森(Fama 和 Jensen,1983)认为,独立董事通过努力监督经理层等勤勉行为在人力资本市场建立良好声誉,提升人力资本价值,从而能够获得更多董事席位。由于我国的人力资本市场尚不健全和有效,上述声誉机制并不能激励独立董事进行有效监督。因为在上市公司普遍被控股股东或内部人实际控制情况下,控股股东或内部人挑选独立董事时并不看重独立董事的监督声誉,相反,监督声誉越高的独立董事越不可能被选中(唐雪松、申慧和杜军,2010),存在"逆淘汰"效应。这使独立董事群体的监督效果大大降低。

股权分置改革是我国资本市场重大的制度变革,对上市公司治理产生重要影响。股权分置改革后,股票全流通和同股同酬,从而使大股东能够在二级市场变现回笼资金,所以股改之后公司控制者会更加关注资本市场的变化。由于实际控制者更加关注,使独立董事"谨言慎行",避免独立董事出具否定意见对公司造成负面影响,在一定程度上导致监督职能履行差强人意。在股权分置改革短期内,独立董事制度与公司绩效没有显著的相关性,因此,独立董事的职能需要进一步强化和完善。股权分置改革后,剔除盈余管理影响后,高管薪酬业绩敏感性没有显著变化(陈胜蓝、卢锐,2012)。这说明高管薪酬业绩敏感性高很可能是通过盈余管理来实现的,独立董事的监督机制并没有很好地发挥作用。股权分置改革后,上市公司对不同议案事项的态度和处理方式存在较大差异。股权分置改革后,上市公司非财务性信息披露和财务性信息披露状况显著不同(张学勇、廖理,2010),所以不同事项对大股东和实际控制人的影响是不同的。对不同议案事项否定意见的意愿也不同,议案事项是影响独立董事出具否定意见的重要因素。

第二节　独立董事层面因素对独立董事出具否定意见影响分析

独立董事层面主要来自两方面影响因素,一方面是不同因素对同期的各独立董事对出具否定意见影响(水平因素);另一方面是不同因素对同一独立董事在不同任期出具否定意见影响(垂直因素)。受到职业背景、薪酬和社会关系等水平因素影响,独立董事监督的能力和意愿存在巨大差异。同一独立董事在不同任期是否出具否定意见也是不同的。因为在第二个任期,一是积累丰富的工作经验,独立董事的监督能力得到提升;二是由于任职不得超过 6 年的政策限制,独立董事没有连任的预期,更加敢于监督控制人,所以独立董事监督存在垂直差异因素。

一、独立董事水平因素影响分析

(一)职业背景

独立董事具有财务背景、法律背景、企业管理背景和高校教授等不同职业背景,而不同背景独立董事能够为上市公司提供的服务和具有的功能是不同的。财务背景的独立董事有更强的能力去审核财务报表真实性、投资方案可行性。王兵(2007)证实,独立董事中至少有一名会计专业人士的公司,盈余质量更高。郑路航(2011)发现,具有财会背景的独立董事有助于减少公司和高管个人违规事件的发生。

法律背景的独立董事能够准确把握法律政策,而且具有丰富的实务经验。所以具有法律背景独立董事能够及时发现公司违规违法行为,提高监督的效率。奥里根、欧斯特(O'Regan 和 Oster,2005)发现,法律背景独立董事能够更好地履行监督职能,减少违规行为发生。郑路航(2011)发现,法律背景的独立董事有助于减少公司和高管个人违规事件的发生;而学界"名人"独立董事和企业界"名人"独立董事在发表意见时没有履行好勤勉的职责,发表独立意见的可能性较低。

杜巨澜等(2012)运用配对样本的研究方法,研究发现拥有政治资本的独立董事(是否曾经的政府官员与是否共产党员)和具有管理经验的独立董事出具否定意见的概率更高,表明这些独立董事能够更好地履行监督职能。在我国当前的体制下,有政治背景的独立董事更加有底气出具否定意见,不惧怕出具否定意见可能带来的后果,所以能够更好地履行监督职能。具有管理经验的独立董事将更可能出具否定意见。一方面,具有管理经验的独立董事更有能力发现有问题的议案;另一方面,独立董事本身为其他公司的高管或独立董事,这样即使得罪管理层或实际控制人而被解雇,仍然有其他公司职位和高额薪酬。

由于具有丰富资金资源和金融运作经验,银行和证券背景独立董事能够更好地起到战略咨询功能,改善公司的融资状况。而由于"一股独大"的制度背景和金融压抑和"寻租"的市场基础,使银行和证券背景的独立董事没有积极监督的意愿和激励。刘浩等(2012)以2001年到2008年沪深两市上市公司的数据,对银行背景独立董事的咨询功能和监督功能进行考察,研究发现,银行背景独立董事能够较好地履行咨询功能,可以帮助其所在公司改善融资状况,但是履行监督职能不理想,比其他背景独立董事表现更差。

何贤杰等(2014)证实,增加证券机构背景的独立董事后,上市公司的券商持股比例明显上升,并且券商自营机构获得超额收益。这说明券商背景的独立董事不仅没有很好地履行监督职能,很可能与上市公司合谋来共同谋取利益和损害中小股东利益。

（二）社会关系

杜钦等(Ran Duchin等,2010)研究发现,信息不对称程度和获取公司信息的成本将直接影响独立董事履职的有效性。当信息不对称性严重和获取信息成本高时,独立董事一方面难以获得履行监督职责所必需的信息,另一方面信息难以获取时,独立董事可以把无法有效监督责任归咎为公司,从而没有主动监督的动力。当获取信息成本低时,独立董事加入董事会可以有效发挥其监督和咨询功能,从而提升公司业绩;而当获取信息成本高时,独立董事加入董事会由于无法有效履行职责,而往往是人浮于事导致业绩更糟。与上市公司实际控制人或管理层保持良好关系一方面可以降低获得信息成本,能够在公司治理中更好发挥作用;另一方面与上市公司实际控制人保持良好关系和留任的综合收益将降低独立董事监督作用。所以与实际控制人关系对其监督的影响取决于两种效应的综合效应。

虽然理论上独立董事与上市公司的关系可能有助于监督职能。但是,现有文献缺乏经验证据。刘诚、杨继东(2013)根据独立董事与CEO是否存在社会关联把独立董事区分名义独立董事和实际独立董事,研究表明实际独立董事能够有效监督CEO,而灰色董事却成了CEO的"保护伞",这说明保持独立的独立董事是发挥其监督职能的重要前提。独立董事与CEO等存在社会关联不利于监督CEO或实际控制人,而是有利于保护CEO。宁向东和张颖(2012)研究发现,独立董事与大股东之间的私人关系,会降低监督的诚信度与勤勉度,造成无人信任其真正开展有效监督和独立董事自身也没有激励进行监督。胡安·马、塔伦·坎纳(2013)发现,独立董事与董事长关系显著影响否定意见发表,当推荐独立董事的董事长退休时,其出具否定意见数量显著增加。

综上所述,与上市公司的社会关系可能是阻碍独立董事有效监督的重要原因。而我国的独立董事大多是由CEO或董事长的朋友或朋友的朋友担任,独立董事与公司实际控制人存在种种关联,导致独立董事在公司治理中效果不尽如人意。

(三)薪酬

詹森(1993)认为,独立董事薪酬待遇过高可能会降低独立性而影响监督的勤勉度。由于独立董事的薪酬大多由管理层或大股东制定,所以高额薪酬必然使独立董事更多考量管理层或大股东的利益,从而难以有效发挥监督职能。所以在一定程度上可以说独立董事薪酬是其独立性的重要表征。董事高额报酬对公司治理或业绩产生负面影响(Brick 等,2006)。唐雪松等(2010)分析,独立董事监督过程中的动机,研究发现出于规避财富损失动机,报酬越高的独立董事越不可能提出异议。独立董事付出努力的机会成本,会对监督的勤勉度产生负向影响(宁向东、张颖,2012),所以高薪酬独立董事具有更高的机会成本,为了规避潜在损失,很难有动力和激励去监督管理层或实际控制人。

另外,从独立董事监督的经济后果来看,王兵(2007)以 2002年至 2004 年的上市公司为样本,从盈余质量视角出发,研究发现,独立董事并不能提高盈余质量而且当其薪酬越高或兼职上市公司家数越多将降低公司盈余质量。曹伦、陈维政(2008)研究发现,独立董事的津贴激励与上市公司违规行为发生呈显著正相关关系,也就是仅仅津贴激励有可能降低独立性和监督的勤勉度,所以导致高津贴反而出现高的违规行为。仅仅薪酬激励无法促使独立董事勤勉地履行监督职能,反而有可能使独立董事丧失独立性,对监督行为产生不利后果。

二、独立董事垂直因素影响分析

独立董事履行监督职能不仅受到水平因素影响,而且也受到垂直因素(任期)影响。

在一定程度上,任期长的董事能够显著提升公司业绩,但是没有证据表明这种较长任期影响正式监督活动(O'Regan 和 Oster,2005)。在外部审计委员会任期长的独立董事比例与盈余管理是显著负相关的,而且结论是稳健的。他们证实任期长的董事有更专业知识和经验来有效监督财务报表(刘国平、孙杰,2010)。金景熙等(K.Kim 等,2014)研究表明,独立董事的任期有助于提升其监督功能和咨询功能,但是任期能够轻微削弱财务报表监督功能而不是提升独立董事的专业财务能力。独立董事履职日期早于董事长履职日期,越有可能提出公开质疑(叶康涛、陆正飞和张志华,2007)。

不仅独立董事任期时间的长短会影响其监督水平,而且在不同任期也将影响其监督水平。郑志刚等(2015)认为,独立董事如果在首个任期公开对董事会提案提出异议,连任概率将明显下降。上述"逆淘汰"现象的存在使独立董事有动机为争取连任而尽量避免在首个任期对董事会提案说"不"。该文以我国上市公司的独立董事投票数据,通过对第一任期和第二任期的分析,证实独立董事在第二个任期提出否定意见的概率是首个任期的 1.41 倍,而在那些主要由处于首个任期的独立董事组成董事会的公司,代理成本将显著更高。从而为独立董事任期阶段特征会影响独立董事监督职能履行提供了直接的经验证据。该文认为,应该探索和推行任期交错制度,降低连任动机对独立董事监督行为的影响。除了经验积累和独立性丧失的潜在影响因素外,不同任期阶段的连任动机成为影响独立董事履行监督职能新的重要因素。

胡安·马、塔伦·坎纳(2013)利用中国上市公司的独立董事的投票数据,证实在董事长或独立董事本人离任前两个月,独立董事倾向于提出异议,在任期结束时提出异议的独立董事占比为27%,而任期内提出异议的独立董事仅为4%左右。这表明独立董事倾向在任期结束或社会关联结束时提出异议。所以独立性是履行监督职能的关键一环。为了提高独立性和提升监督效果,可以尝试由中心股东联合推荐独立董事,这样保障独立董事能够更好地维护中小股东的利益。

第三节　独立董事出具否定意见的经济后果

由于国外没有披露独立董事意见数据,所以现有研究独立董事出具否定意见的文献大多是以中国上市公司为样本开展研究。独立董事出具否定意见的经济后果主要有两类,一是对独立董事本人产生的经济后果,二是对公司产生的经济后果。

关于出具否定意见后对独立董事本人产生经济后果的文献。在理论上,独立董事尽职履职出具否定意见,可以向市场传递良好监督声誉,从而可以提供其人力资本,能够获得更多董事席位和社会声誉,所以独立董事有内在动力履行监督职能。在中国实践中,由于"一股独大"的股权结构和"任人唯亲"的董事会文化,使履行监督职能出具否定意见的独立董事往往被"逆淘汰"失去董事席位。唐雪松等(2010)通过对独立董事意见数据分析,发现由于人力资本市场不完善声誉机制无法有效发挥作用,独立董事出具否定意见将显著增加其离职概率而且没有带来更多到其他公司就职的机会,这样为了规避财富损失,独立董事往往不愿出具否定意见或质疑董事会决议。

胡安·马、塔伦·坎纳(2013)使用中国上市公司的独立董事投票数据,分析独立董事提出异议对其本身的影响,研究发现提出异议将显著增加离职概率,而且损失将高于年收入的十分之一。而姜纬等(Jiang 等,2016)使用 2004 年至 2012 中国上市公司的数据,发现职业关注的独立董事更容易出具否定意见,得到市场激励获得更多的独立董事职位和更低的监管处罚。同时发现,异议将使独立董事失去现有席位比无异议的独立董事达 2.1 倍。但是只有年轻和没有声誉的独立董事异议才与失去席位相关。也就是说,独立董事出具否定意见后,离职或获得其他董事席位多少很可能与独立董事本身声誉相关。但总的来说,离职董事席位数量与未来获得席位数量呈正相关,声誉机制能够起到作用。

关于出具否定意见后对公司产生影响的文献。唐雪松等(2013)使用 2005 年至 2010 年中国上市公司数据,分析了强制披露独立董事意见数据的有效性。该研究发现,独立董事提出异议将使上市公司的股价下跌,代理问题严重的公司更容易发生独立董事异议、有财务背景和无关联独立董事更容易质疑。对独立董事出具否定意见经济后果从控制股东侵占、债权人保护、公司治理内部机制和外部治理机制四个方面进行分析。以其他应收账款为控制股东侵占的代理变量,研究发现独立董事出具否定意见后,其他应收账款减少,控制股东侵占行为减弱。关于对债权人保护,使用出具否定意见后银行贷款变化作为代理变量,发现相对于赞成意见公司被出具否定意见后公司的银行贷款减少,债务杠杆率降低,从而保护债权人权利。关于公司内部治理机制,使用 CEO 或董事长更迭作为内部治理的代理变量,研究发现出具否定意见公司的 CEO 或董事长在下一年度更可能更迭。关于公司外部治理机制,发现出具否定意见公司在第二年更可能收到"非标"意见、被 ST 或受到监管层处罚,也就是出具否定意见向外界传递公司信息,使市场中介会计师事务所和监管层更加关注该公司,也就更容易发现问题和处罚不合规行为。同时,发现出具否定意见公司在未来的绩效得到提高。独立董事出具否定意见后,更多新闻报道增加和股价下跌、银行贷款相对无否定意见公司显著降低、监管处罚增加,从而改善公司治理和提供市场透明度。出具否定意见后,显著增加独立董事离开董事人力资本市场,所在公司的股价也显著下跌。胡安·马、塔伦·坎纳(2013)使用2001年至2010年我国上市公司独立董事投票数据等,研究结果证实发生异议公司在市场上市累计超额收益回报率为-0.97%。否定意见向市场传递公司存在问题的负面消息。

姜纬等(2016)证实出具否定意见提醒一般大众投资者以前忽略或未知的关注公司经营或治理问题,可以引起"口哨效应"。这种"口哨效应"是以媒体报道和市场反应来体现。在事件期,公司相关月度报道是正常时间的3倍,相关日报道是正常时间的8倍多。在事情发生后的21天窗口期,平均收益率为-2.0%到-2.6%。在1个年度窗口内,发生异议的公司违规处罚的概率高于没有发生过异议的公司3.5%。独立董事出具否定意见带来上市公司股价的下降和违规处罚概率的提升必然使公司大股东和经理人更倾向选择"懂事"的独立董事,使独立董事监督功能进一步减弱。

独立董事出具否定意见的经济后果主要为对独立董事本人的经济后果和对公司的经济后果。对于公司短期的经济后果,独立董事出具否定意见表明公司治理或公司经营等存在一定问题,具有"口哨效应",使投资者"以脚投票"引起股价的下跌,同时更容易引起监管者关注、调查和发现违规行为。对于公司长期的经济后果,独立董事出具否定意见后,主要从控制股东侵占、债权人保护和CEO等高管更迭和出具"非标"意见等途径改善公司绩效,具有一定的公司治理作用。而对独立董事本人的经济后果,出具否定意见将显著增加离职概率;同时,由于声誉机制有效性尚待更多实证研究检验,所以独立董事出具否定意见的激励机制并不健全,需要更多关注独立董事出具否定意见后对其本身影响的经济后果。

我国上市公司独立董事监督问题一直是理论界和实务界关注的重点,但是涉及独立董事监督过程的文献并不多。中国独特的独立董事意见数据为研究独立董事的监督过程提供绝佳机遇。打开董事会决策的"黑匣子",直接研究独立董事监督过程和对公司治理机制的影响。本章研究结果表明,独立董事出具否定意见导致短期离职和长期难以连任的经济后果必然使独立董事的监督功能大打折扣。破解独立董事监督功能缺失,需要下大力气破解"逆淘汰"的公司治理机制和"任人唯亲"的董事会文化。具体而言,改革独立董事的遴选和任用机制,减缓大股东和实际控制人对独立董事任免的过分干预。国有企业董事长和总经理采取定期轮岗制度,提高独立董事的独立性。

本书认为,研究独立董事监督问题可以在以下几个方面寻找突破。

第一,独立董事监督的直接和长期经济后果。以前文献研究独立董事监督都是在假设独立董事进行监督或没有进行监督前提下开展研究,而本书可以直接结合独立董事的真实监督行为来考察其影响的经济后果。不仅考察独立董事出具否定意见后对公司业绩和代理成本的影响的经济后果,而且考察出具否定意见后,对独立董事本身影响的经济后果。

第二,议案事项如何影响独立董事出具否定意见。议案事项是独立董事出具否定意见的更直接的影响因素。监管机构明确要求对关联交易、信贷担保等事项明确出具意见,而对其他事项则没有具体要求。这说明不同议案事项对公司治理的影响有显著差异。那么何种议案事项独立董事更倾向出具否定意见而何种议案事项独立董事则不倾向出具否定意见呢?需要进一步研究给出具体答案。

第三,独立董事监督行为对其人力资本市场的影响。独立董事的尽职行为能否提升自身的市场价值,还是被市场所"逆淘汰",需要进一步经验分析的证据。外部人力资本市场的有效性将提高声誉对独立董事行为的制约,独立董事的监督行为将更加有效。

第四,公司违规如何影响独立董事出具否定意见。在违规发生时,独立董事有无出具否定意见是检验独立董事履行监督职能的"试金石"。既然独立董事肩负监督职能,那么公司发生违规行为时独立董事应该出具否定意见履行职能。但是不断爆出的违规行为,却罕见独立董事出具否定意见,不禁让人对理想的监督状况产生怀疑。那么当公司发生违规行为时,独立董事是否监督以及如何监督是需要进一步研究的问题。

第二章　议案事项与独立董事否定意见

在公司所有权和经营权分离后,独立董事在降低公司代理成本方面被寄予厚望(Fama 和 Jensen,1983)。独立董事基本职能是监督经理层或大股东,降低代理成本和保护中小股东利益。由于董事会文化、信息不对称性、缺乏激励和任期限制等都将影响独立董事履行监管职能(Jensen,1993;Adams 和 Ferreira,2007;郑志刚等,2016;郑志刚等,2015),现实中独立董事履职情况并不理想。现有研究独立董事职能文献多从间接方式(以独立董事在董事会占比或数量进行度量)(Rosenstein 和 Wyatt,1990;Klein,1998;Duchin 等,2010;Andres 和 Vallelado,2008;王跃堂等,2006)或对可观察到的公司事件(Brickley 等,1994;Nguyen 和 Nielsen,2010;郑国坚等,2013)分析,大多没有对具体履职过程进行考察。

具体而言,罗森斯坦、怀亚特(Rosenstein 和 Wyatt,1990)研究发现任何特点职业背景的独立董事都不比其他人更有价值,任命的独立董事与股东的利益是一致的。杜钦等(2010)以独立董事在董事会占比为主要研究变量,研究发现独立董事是否有效主要取决于独立董事从任职公司获取信息的成本。当独立董事获取信息的成本低时,独立董事加入董事会会增加公司价值;当独立董事从任职公司获取信息的成本高时,独立董事加入董事会反而恶化公司业绩。所以该文认为信息不对称性是影响独立董事有效性的主要因素。王跃堂等(2006)以独立董事占董事会比例为变量,发现独立董事能够显著提高公司业绩,而且当制衡较好时,独立董事的这种作用更加显著。郑国坚等(2013)使用1999年至2008年全国工业企业数据库,研究发现独立董事对掏空行为并未有效发挥作用。

2004年中国证监会要求独立董事对董事会决议中重要事项发表意见并对外公开,为打开董事会运行的"黑匣子"提供良好机会。根据我国上市公司披露的董事会投票数据,学者对独立董事监督动机、独立董事监督有效性、社会关联和独立董事连任等问题进行研究(唐雪松等,2010;叶康涛等,2011;Juan Ma 和 Tarun Khanna,2013;Jiang 等,2016)。虽然有一些对独立董事监督过程的研究,但尚无文献对独立董事具体监督的议案事项进行详细分析。对具体议案事项的分析能够掌握独立董事监督具体行为,而且可以更加清晰反映作用机理。在2016年万科与宝能的股权之争中,来自华润公司的3名董事对董事会的引入深圳地铁战略合作投反对票,同时对宝能提议召开罢免董事会全体成员的临时股东大会则与董事会保持一致。可见,相同的独立董事对不同议案事项的意见有显著差异。为此,本书将聚焦独立董事出具否定意见的议案事项,分析不同议案事项对否定意见的影响。我国监管部门明确要求独立董事要对人事变动、薪酬事项和关联交易事项发表意见,若为否定意见说明理由,而对其他事项没有作出明确要求,全部归为保护中小股东利益而发表意见事项。所以,考察对监管部门明确要求事项与没有明确要求事项,独立董事出具否定意见是否存在差异,揭示背后可能存在的作用机理。另外,由于股权分置改革是中国资本市场重要制度变革,从而可以考察股权分置改革对各议案事项出具否定意见的影响,检验股权分置改革对独立董事监督职能发挥的有效性。

本章希望通过对上述问题的考察,揭示独立董事监督本身的议案事项对否定意见的影响。研究发现,对明确监管议案事项出具否定意见的概率低,而对于非明确监管议案事项出具否定意见概率高;股权分置改革后,独立董事对各议案事项出具否定意见概率显著下降,独立董事更不愿意出具否定意见;股权分置改革后,对明确监管事项的否定意见概率相对增加,而对非明确监管事项的否定意见概率相对下降。

本章对公司治理文献的潜在贡献在以下几个方面。第一,不同于以往文献从独立董事监督对独立董事个人或公司造成的经济后果等视角,考察独立董事监督过程中董事会议案事项对否定意见的影响,是对监督行为进一步深入研究。同时,根据中国监管制度要求,把监督的议案事项分为明确监督议案事项和非明确监督议案事项,考察外生政策要求如何对独立董事监督行为产生影响。本章证实了对于明确监管议案事项,独立董事出具否定意见的概率低,而对非明确监管议案事项,独立董事出具否定意见的概率高。

第二,本章进一步考察股权分置改革对独立董事议案事项出具否定意见的影响。与现有文献分析股权分置改革对市场波动性(谢世清等,2010)、高管薪酬(陈胜蓝等,2012)、信息披露(张学勇、廖理,2010)影响不同,本章考察股权分置改革对否定意见影响,从而分析独立董事监督的影响机理。本章首次证实了股权分置改革后,独立董事对各议案事项出具否定意见的概率下降,也就是独立董事对各议案事项更加倾向不出具否定意见。

第三,本章考察股权分置改革后,对明确监管事项和非明确监管事项独立董事出具否定意见变化情况。本章证实了股权分置改革后,对明确监管事项提出否定意见的概率相对增加,而对非明确监管事项提出否定意见的概率相对减少。这说明独立董事在公司问题严重时更倾向于对重点监管事项出具否定意见,这样可以规避潜在的法律风险。

第一节 独立董事意见的制度背景与监管事项、股权分置改革的假设发展

一、制度背景

根据 2004 年中国证券监督管理委员会指导意见的要求,独立董事应当发表独立意见:任免董事、高级管理人员;公司董事、高级管理人员的薪酬;关联交易;其他可能损害中小股东权益的事项。所以必须对人事变动事项、薪酬事项和关联交易事项发表意见,而其他所有可能事项都归为损害中小股东权益事项。所以本章把人事变动事项、薪酬事项和关联交易事项定义为明确监管事项,而把担保事项、投资事项、审计事项、股权变动、募集资金、资产变动、股权分置改革事项和其他事项都定位为非明确监管事项。

二、假设发展

梅斯(M.L.Mace,1986)和韦德等(Wade 等,1990)等学者认为,独立董事的独立性不强,其拥有的投票权更像是"橡皮图章",往往不会或不敢在董事会议上对管理层的议案事项进行公开质疑,独立董事的监督功能难以有效发挥作用。在中国上市公司中,仅仅约4%的公司发生过独立董事异议,这意味着大部分独立董事并不公开行使其监督权力。只有当公司业绩不佳时,独立董事才倾向于提出异议(叶康涛等,2011)。在"一股独大"的治理下,对明确监管事项提出质疑往往将更加激怒实际控制人,导致其离职或留下"难以合作"印象,所以独立董事对明确监管事项出具否定意见更低。当独立董事对人事事项、关联交易和薪酬事项出具否定意见时,更容易引起监管层和市场关注与损害大股东和实际控制人的核心利益,从而连任的概率将大大降低。而非明确监管事项涉及内容众多所以引起监管层和市场关注相对较低,对其出具否定意见相对容易可以得到实际控制人容忍;同时,履行监管职责有利于建立良好的声誉,所以对非明确事项出具否定意见概率较高。基于以上分析,我们提出待检验假设1:

假设1:在其他条件相同下,独立董事对明确监管事项(人事、薪酬、关联交易)出具否定意见的概率更低,而对非明确监管事项(年度报告、审计事项、股权变动等)出具否定意见的概率更高。

我国实行的股权分置改革通过协调流通股东与非流通股东之间的利益基础,使双方的利益基础趋同,有利于改善公司治理,有效地提升上市公司自愿性信息披露水平,所以股权分置改革之后公司控制者会更加关注资本市场的变化(张学勇、廖理,2010)。由于实际控制者更加关注资本市场变化,使独立董事"谨言慎行"，避免独立董事出具否定意见对公司造成负面影响，在一定程度上使监督职能效果差强人意。在股权分置改革后，短期内公司绩效没有显著的相关性，因此，独立董事的职能需要进一步强化和完善。陈胜蓝和卢锐(2012)以2002年至2009年中国上市公司为样本，考察股权分置改革促进高管薪酬业绩敏感性和诱发公司高管操控盈余提高业绩的净效应，研究发现股权分置改革后高管薪酬绩效敏感性显著提高主要来自盈余管理对公司财务业绩的影响。这说明高管薪酬业绩敏感性高很可能是通过盈余管理来实现的，独立董事的监督机制并没有很好发挥作用。股权分置改革后，上市公司对不同议案事项的态度和处理方式存在较大差异。张学勇和廖理(2010)研究发现，股权分置改革后，信息披露的专有化成本不同，信息披露专有化成本高的财务性信息披露并没有显著改善，而信息披露专有化成本低的非财务性信息披露得到改善。上市公司管理层更愿意披露非财务信息，而非披露重要财务信息，这必然影响独立董事对不同事项出具否定意见的概率。所以，股权分置改革后，由于大股东可以在二级市场出售股票变现，并且面临二级市场的收购压力等，使大股东更加关注资本市场反应，这时独立董事否定意见出具否定意见必然会更加激怒实际控制人，使独立董事出具否定意见概率下降。基于以上分析，我们提出待检验假设2：

假设2：在其他条件相同下，在股权分置改革前独立董事出具否定意见的概率更高，而股权分置改革后对各事项出具否定意见的概率更低。

在股权分置改革前的2004年至2007年，上市公司独立董事出具否定意见数量分别为57次、92次、192次和378次，年均约

180 次,而股权分置改革后的 2008 年至 2014 年上市公司独立董事出具否定意见的数量分别为 2 次、3 次、22 次、0 次、3 次、4 次和 12 次,年均不足 7 次,可见股权分置改革前独立董事出具否定意见数量远远高于股权分置改革后独立董事出具否定意见数量。独立董事出具否定意见数量锐减,有可能是上市公司的违规数量减少,所以面对科学合理的议案事项,独立董事无须出具否定意见。但是在股权分置改革前 2004 年至 2007 年,上市公司违规数量分别为 31 次、52 次、54 次和 54 次,年均约 48 次;而在股权分置改革后的 2008 年至 2014 年,上市公司违规数量分别为 28 次、45 次、36 次、45 次、57 次、68 次和 109 次,年均约 55 次,所以股权分置改革后整体违规数量要比股权分置改革前还要多。股权分置改革后,否定意见数量锐减而违规数量却在增加[1],这说明并不是违规数量减少导致否定意见减少,而更可能由于实际控制人更加关注市场反应使独立董事不愿或不敢出具否定意见。所以,一方面,独立董事不愿或不敢出具否定意见,以免与实际控制人产生激烈冲突和留下"难以合作"印象;另一方面,上市公司时常发生违规事件,这使独立董事面临较大法律风险和声誉损失。在这种情况下,独立董事往往更加倾向对明确监管事项出具否定意见,这样可以更好地规避风险和免责。基于以上分析,我们提出待检验假设 3:

假设 3:在其他条件相同下,在股权分置改革后独立董事对明确监管事项的否定意见概率增加,而独立董事对非明确监管事项的独立董事出具否定意见概率降低。

---

① 资料来源:国泰安数据库,www.gtarsc.com。

第二节　独立董事意见分布样本与统计描述

一、样本与变量

由于证监会强制性要求 2004 年 12 月开始披露独立董事对相关重大事项的意见及理由。所以本章研究样本开始年份为 2005 年。2015 年中国股票市场出现巨大异常波动和相关年报数据没有公布造成了数据缺失,所以研究样本结束年份为 2014 年。

样本主要数据来自国泰安数据库。对于意见类型缺失、事项缺失的数据,通过从公司年报或巨潮资讯网[①]手工采集而成。在删除 ST 公司、*ST 公司、金融类公司经营层面变量缺失的样本后,本章最终以 2005 年至 2014 年 A 股的 51431 个独立董事意见—公司—年份效应的观察值为研究对象。从独立董事意见本身看,有 51431 条独立董事意见,其中有 763 条否定意见,约占全部意见的 1.48%。为降低异常值的可能影响,我们对所有连续变量在 1% 和 99% 的水平上进行 Winsorize 处理。

本章的核心变量为否定意见和议案事项。关于否定意见变量,借鉴唐雪松等(2010)做法,把否定意见定义为除"赞成"外所有其他意见类型,包括"反对意见""保留意见""弃权意见""提出异议意见""无法表达意见""其他意见",称为广义否定意见(*Negative*)。由于"其他""无法表达"等意见类型对独立董事的监督作用相对较弱和传递信息相对有限,所以借鉴叶康涛等(2011)

---

① 资料来源:巨潮资讯网,http://www.cninfo.com.cn/cninfo-new/index。

做法,把否定意见定义为"反对"和"提出异议",其他意见类型为同意,称为狭义的否定意见(Opinion)。通过狭义否定意见进一步分析对各议案事项的影响差异。关于议案事项变量,结合我国监管当局对事项规定和常见事项类型,本章把事项分为董事高管人事变动事项(CEO _ Turnover)、董事高管薪酬事项(Executive _ compensation)、年度报告事项(财务报告、利润分配、报告修改补充等)(Annual_reports)、关联交易事项(Connceted_transaction)、担保事项(Loan_Guarantee)、投资收购事项(Investment_acquisition)、审计事项(Audit)、股权变动事项(Equity _ change)、募集资金事项(Funds_raised)、资产变动事项(Assets_change)、其他事项(Other)和股权分置改革等(Reform in Non-tradable)。其中,董事高管人事变动事项(CEO _ Turnover)、董事高管薪酬事项(Executive _ compensation)和关联交易事项(Connceted_transaction)为明确监管事项,而剩余事项为非明确监管事项。上述核心变量均采用虚拟变量进行度量。

关于控制变量,行动类型(Act Type)是影响独立董事出具否定意见进而影响连任的重要因素(郑志刚等,2016),所以考察集体行动和单独行动对各议案事项否定意见的影响。

借鉴黄炳贤、金瑞英(Hwang 和 Kim,2009)、弗拉卡西、泰特(Fracassi 和 Tate,2012),以及克拉玛兹、塞斯玛(Kramarz 和 Thesmar,2013)对社会关联(Social Tie)的度量方法,使用独立董事工作地点与上市公司所在地是否一致来衡量其与上市公司的社会关联。拉克等(Larcker,2011)、陈运森和谢德仁(2011)证实社会关联是高管等主体行为方式的重要影响因素。另外,我们控制了与否定意见相关的公司治理和公司业绩层面变量。公司治理相关的变量为二职合一、董事会规模、独立董事比例、委员会数量、董监高薪酬;公司业绩方面变量为股权结构、规模、债务水平和总资产报酬率。具体各变量的名称、符号和定义见表2-1。

表2-1 变量定义

变量名称	变量符号	变量定义
Panel A:核心研究变量		
广义否定意见	*Negative*	独立董事非赞成意见为1,赞成为0
狭义否定意见	*Opinion*	独立董事反对和提出异议意见为1,其他为0
人事事项	*CEO_Turnover*	人事任免事项为1,否则为0
薪酬事项	*Executive_compensation*	董监高薪酬事项为1,否则为0
年度报告	*Annual_reports*	年度报告事项(财务报告、利润分配、报告修改补充等)为1,否则为0
关联交易	*Connceted_transaction*	关联交易事项为1,否则为0
担保事项	*Loan_Guarantee*	担保事项为1,否则为0
投资事项	*Investment_acquisition*	投资收购事项为1,否则为0
审计事项	*Audit*	审计事项为1,否则为0
股权变动	*Equity_change*	股权变动事项为1,否则为0
募集资金	*Funds_raised*	募集资金事项为1,否则为0
资产变动	*Assets_change*	资产变动事项为1,否则为0
股权分置改革事项	*Reform in Non-tradable*	股权分置改革事项为1,否则为0
其他事项	*Other*	上述没有说明的事项为1,否则为0
股权分置改革	*G-R*	2007年后为1,否则为0
Panel B:控制变量		
行动类型	*Act Type*	独立董事两个人以上提出意见为1,否则为0
社会关联	*Social Tie*	独立董事与上市公司地点一致为1,否则为0
二职合一	*Duality*	董事长兼任CEO为1,否则为0
董事会规模	*Board Size*	董事会董事数量

续表

变量名称	变量符号	变量定义
独立董事比例	*Independent*	董事会中独立董事占整个董事的比例（%）
委员会数量	*Committe*	专业委员会数量（个）
董监高薪酬	*Compensation*	董事、监事和高管的薪酬总额（万元）
股权结构	*Top 1*	第一大股东持股比例（%）
规模	*Size*	上市公司的总资产（亿元），回归分析时取对数
债务水平	*Level*	公司的负债总资产（%）
总资产报酬率	*ROA*	公司的净收益/总资产（%）

二、统计分析

从表2-2可见，研究期有51431次公司独立董事发表意见，其中有761次广义否定意见、占1.48%，72次狭义否定意见、占0.14%，所以独立董事比较少出具否定意见而且否定意见多以温和方式提出，与胡安·马、塔伦·坎纳（2013）和叶康涛等（2011）的发现一致。独立董事发表意见多以集体行动方式，在51431次意见中，仅915次单独行动发表意见、占1.78%。在各议案事项中，由于监管机构要求对重要事项独立董事必须出具意见，所以人事变动、关联交易、担保事项和其他事项的独立董事发表意见次数最多。公司治理和公司经营的控制变量中，董事长兼任CEO的比例平均为16.4%，董事会的规模平均为9.2人，独立董事在董事会的比例平均为36.32%，平均有3.6个专业委员会，董高监薪酬平均为380.51万元，第一大股东的持股比例平均为35%，上市公司平均规模为77.5567亿元，负债率平均为49.4%，总资产报酬率平均为1.87%，均在合理的取值范围内。

表 2-2 变量的描述性统计

变量名	观测值 s	均值	标准差	最小值	最大值
广义否定意见	51431	0.0148	0.1209	0	1
狭义否定意见	51431	0.0014	0.0371	0	1
股权分置改革	51431	0.6598	0.4738	0	1
行动类型	51431	0.9822	0.0985	0	1
人事事项	51431	0.1626	0.3690	0	1
薪酬事项	51431	0.0242	0.1538	0	1
年度报告	51431	0.0546	0.2273	0	1
关联交易	51431	0.2241	0.4170	0	1
担保事项	51431	0.1337	0.3404	0	1
投资事项	51431	0.0299	0.1703	0	1
审计事项	51431	0.0100	0.0993	0	1
股权变动	51431	0.0179	0.1327	0	1
募集资金	51431	0.0207	0.1425	0	1
资产变动	51431	0.0203	0.1410	0	1
其他事项	51431	0.1315	0.3380	0	1
股权分置改革事项	51431	0.0245	0.1547	0	1
二职合一	46184	0.1640	0.3703	0	1
董事会规模	50852	9.2010	2.0393	3	18
独立董事比例	50852	0.3623	0.0569	0	0.7143
社会关联	51382	0.3818	0.4858	0	1
委员会数量（个）	48322	3.5698	1.1849	0	8
董监高薪酬（万元）	51219	380.5065	575.3736	0	10609
股权结构（%）	51431	35.0041	15.8485	3.62	84.98
规模（亿元）	51431	77.5567	525.4274	0.0005	21864.59
债务水平（%）	51422	0.4940	0.1952	0.1735	0.7796
总资产报酬率（%）	51016	0.0187	0.0280	-0.0211	0.0723

　　为了更好地了解独立董事意见分布情况,我们对各议案事项的总意见、否定意见和否定意见比率进行统计如表 2-3 所示。各

议案事项的总意见的分布与表 2-2 的统计结果相同,而提出否定意见数量较多的议案事项分别是担保的 300 次、年度报告的 89 次、关联交易的 83 次、审计事项 78 次、人事变动事项是 69 次、股权变动为 27 次、投资并购是 21 次;而薪酬事项、资产变动、其他事项都是个位数,募集资金和股权分置改革的次数为 0。否定意见的次数较多的事项既可能是对此事项的决策不科学和不规范,引起独立董事质疑,也可能是该事项发生频繁和监管要求出具意见,造成否定意见数量大。所以,从否定意见占总意见的比例来考察独立董事对哪些议案事项出具否定意见概率更高。从表 2-3 第 4 列可以看出,审计事项、担保事项、年度报告、股权变动、投资并购和人事变动事项提出否定意见的概率较高,其中审计事项的概率最高为 15.23%。从独立董事发表意见的具体内容了解到,审计事项主要是由于会计师事务所等中介机构对公司审计报告提出"非标"意见或带强调事项同意意见后,独立董事对该审计报告发表的意见。既然第三方机构已经指出公司所存在的问题,独立董事将正视和回应公司所存在的问题,从而出具否定意见概率更高。这说明在第三方机构监督下,独立董事可能更加尽职尽责。

表 2-3　议案事项否定意见分布

事项	总意见	否定意见	比率(%)
人事变动事项	8362	69	0.83
薪酬事项	1246	2	0.16
年度报告	2810	89	3.17
关联交易	11528	83	0.72
担保事项	6878	300	4.36

续表

事项	总意见	否定意见	比率(%)
投资并购	1538	21	1.37
审计事项	512	78	15.23
股权变动	922	27	2.93
募集资金	1066	0	0.00
资产变动	1043	3	0.29
其他事项	6765	3	0.04
股权分置改革事项	1262	0	0.00

2007年基本完成的股权分置改革是中国资本市场具有里程碑意义的重大事件。股权分置改革的完成,资本市场进入"全流通"时代,通过股票买卖方式的"以脚投票"能够真实改变公司的股权结构、改组董事会和管理层,对公司治理产生深远影响。由于外部环境的巨大变化,独立董事的监督行为也会产生相应变化。为此,分析股权分置改革对独立董事发表的否定意见数量和比例变化情况。由图2-1可知,股权分置改革前独立董事各议案事项的否定意见数量远远超过股权分置改革后,尤其是担保事项(见图2-1曲线最高点)由股权分置改革前290个降为股权分置改革后的10个。由图2-2可知,各议案事项的否定意见比例也是从股权分置改革前到股权分置改革后大幅下降,尤其审计事项(见图2-2曲线的最高点)从27.5%下降到0.43%。可以看出,无论从数量还是从占比股权分置改革后独立董事出具否定意见都大大降低。股权分置改革对独立董事监督产生如此大影响的重要原因是股权分置改革的完成使上市公司面临股东"以脚投票"和股价波动等更大的外部市场压力。一方面促使公司提高治理水平,另一

方面使独立董事出具否定意见更加"谨慎",所以独立董事出具否定意见的数量和比例都大大下降。

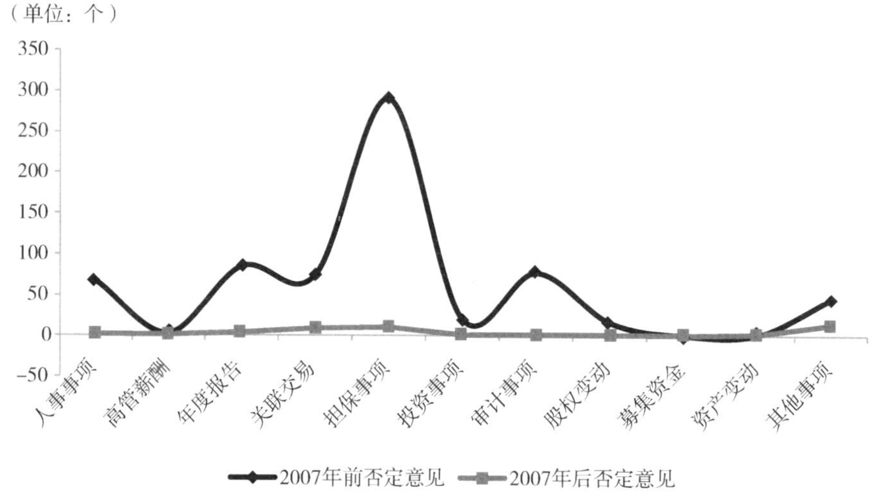

（单位：个）

图 2-1　股权分置改革前后各事项否定意见数量

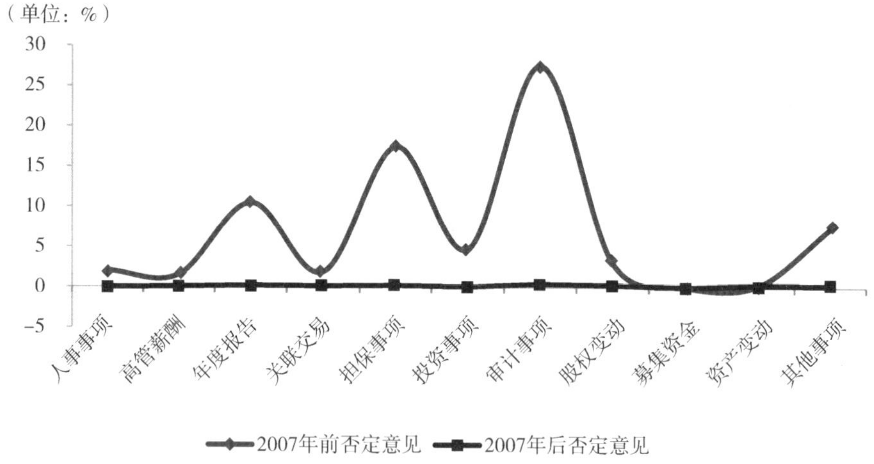

（单位：%）

图 2-2　股权分置改革前后否定意见占比

由表 2-4 可知,否定意见样本和赞成意见样本中各控制变量存在显著差异。具体而言,否定意见中是单独行动、董事长兼任总经理和负债率比赞成样本高;而赞成意见中董事会规模、独立董事比例、薪酬、委员会数量、社会关联程度、第一大股东比例、成长性、账面市值比、公司规模和盈利水平比否定意见样本高。也就是说,在董事长兼任总经理、负债率高、董事会规模小、委员会数量少、独立董事比例低、薪酬水平低、社会关联度低、第一大股东比例低、成长性低、账面市值比低、公司规模小、盈利水平低的公司中,独立董事出具否定意见的概率更高。

表2-4　否定意见与赞成意见均值检验

变量	赞成意见样本			否定意见样本			均值差异
	观测值	均值	标准误差	观测值	均值	标准误差	
行动类型	50668	0.8268	0.0463	763	0.7722	0.0442	0.0546***
二职合一	45500	0.1632	0.0017	684	0.2178	0.0158	−0.0022***
董事会规模	50104	9.2010	0.0091	748	9.2032	0.0707	0.0543***
独立董事比例	50104	0.3624	0.0002	748	0.3552	0.0022	0.0072***
董监高薪酬	50466	382.6721	2.5734	753	235.3659	11.3985	147.3062***
委员会数量	47637	3.5716	0.0054	685	3.4438	0.0490	0.1278***
社会关联	50624	0.3828	0.0022	758	0.3193	0.0169	0.0635***
股权结构	50668	35.0488	0.0705	763	32.0306	0.4998	3.0183***
成长性	50668	16.6911	3.5532	763	2.34130	0.0908	14.3498***
账面市值比	50668	1.2476	0.0056	763	1.0131	0.0428	0.2346***
规模	50668	78.2550	2.3511	763	31.1838	3.1605	47.0713***
债务水平	50659	0.8191	0.0566	763	0.8477	0.1646	−0.0286***
总资产报酬率	50262	−0.0084	0.0720	754	−0.1160	1.4226	0.1476***
股权分置改革	50668	0.3311	0.0021	763	0.9397	0.0086	−0.6086***

注:***表示在1%的水平下显著。

第三节 议案事项对否定意见影响的实证分析

本节将进一步分析各议案事项对独立董事出具否定意见的影响和股权分置改革对独立董事出具否定意见的影响。因为被解释变量 *Negative* 取值 1 或 0,残差项不服从正态分布,所以使用 Logistic 模型分析,具体回归方程如下:

$$Negative_{it} = c + \sum \alpha_i Proposal_{it} + \sum \theta_i Control +$$

$$\sum \beta_i 行业效应 + \sum \gamma_i 年份效应 + \varepsilon_{it} \quad (2-1)$$

$$Negative_{it} = c + \alpha_i Proposals_{it} + \beta_j Proposal \times G_{Rit} +$$

$$\sum \gamma_i 行业效应 + \sum \theta_i 年份效应 + \varepsilon_{it} \quad (2-2)$$

在式(2-1)中,$Proposal_{it}$ 分别表示 $CEO\_Turnover_{it}$、$Executive\_compensation_{it}$、$Annual\_reports_{it}$、$Connceted\_transaction_{it}$、$Loan\_Guarantee_{it}$、$Investment\_acquisition_{it}$、$Audit_{it}$、$Equity\_change_{it}$、$Assets\_change_{it}$、$Other_{it}$ 议案事项;$Control$ 表示所有的控制变量;行业效应和年份效应表示年度和行业效应;在式(2-2)中 $Proposal \times G_{Rit}$ 表示各议案事项与股权分置改革的交乘项,用来反映股权分置改革的调节效应。

一、各议案事项对独立董事否定意见的影响分析

根据证监会《关于在上市公司建立独立董事制度的指导意见》的要求,把议案事项分为明确监管事项和非明确监管事项。明确监管事项指人事变动、薪酬和关联交易,非明确监管事项指除

上述三类议案事项外的所有议案事项。从而可以更好地考察对于监管层和市场密切关注的议案事项与一般议案事项,独立董事出具否定意见是否呈现有规律变化。另外,根据否定意见程度不同,把否定意见分为狭义否定意见和广义否定意见。从规避法律风险角度看,独立董事只要出具否定意见就可以避免承担法律风险,那么明确出具否定意见的独立董事更能够体现履职的自律性。独立董事出于财富、声誉、法律等不同动机出具否定意见,那么他们对不同议案事项的关注是否存在显著差异?

(一)各议案事项对独立董事广义否定意见的影响

对于各议案事项对独立董事否定意见的影响,首先,使用Logit模型的单变量方法,分析各议案事项对独立董事出具否定意见的影响,考察各议案事项对否定意见影响的方向和程度。其次,由于公司治理和公司经营层面的因素对否定意见产生影响,所以在控制上述因素和行业效应、年度固定效应后,对各议案事项对否定意见的影响进一步分析。

1. 单变量回归分析

为了检验各议案事项对广义否定意见的影响,下面将采用单变量回归法进行分析。分别分析人事事项(*CEO_Turnover*)、薪酬事项(*Executive_compensation*)、年度报告(*Annual_reports*)、关联交易(*Connceted_transaction*)、担保事项(*Loan_Guarantee*)、投资事项(*Investment_acquisition*)、审计事项(*Audit*)、股权变动(*Equity_change*)、资产变动(*Assets_change*)和其他事项(*Other*)对广义否定意见的影响,掌握各议案事项对广义否定意见的基本影响。

从表2-5的回归结果可以看出,对人事事项、薪酬事项和关联交易事项提出异议将在1%的水平下显著降低独立董事出具否定意见的概率,回归系数分别为-0.677、-1.562和-0.872。而在非明确监管事项中年度报告和担保事项对独立董事出具否定意见显著为正。

表2-5 议案事项广义否定意见影响的单变量分析(1)

变量名称	模型 1	模型 2	模型 3	模型 4	模型 5
	广义否定意见	广义否定意见	广义否定意见	广义否定意见	广义否定意见
人事事项	-0.677***	—	—	—	—
	(-5.34)	—	—	—	—
薪酬事项	—	-1.562***	—	—	—
	—	(-3.11)	—	—	—
年度报告	—	—	0.845***	—	—
	—	—	(7.38)	—	—
关联交易	—	—	—	-0.872***	—
	—	—	—	(-7.46)	—
担保事项	—	—	—	—	1.469***
	—	—	—	—	(19.51)
常数项	-4.112***	-4.176***	-4.265***	-4.055***	-4.556***
	(-107.45)	(-114.18)	(-109.95)	(-104.83)	(-97.53)
伪 R^2	0.0043	0.0022	0.0056	0.0087	0.0408
样本数量	51431	51431	51431	51431	51431

注:募集资金议案事项无法回归;***表示在1%的水平下显著。

由表2-6的回归结果可知,在非明确监管事项中,资产变动和其他事项对独立董事出具否定意见影响显著为负,投资事项和股权变动对独立董事出具否定意见的影响不显著,而审计事项对独立董事出具否定意见的影响显著为正。所以在非明确监管事项中,大部分事项不显著降低独立董事出具否定意见。由于外部会计师事务所对上市公司财务报告需要进行审计,所以一旦独立董事对相关审计事项出具否定意见,必然对会计师事务所的审计报告产生重要影响。因此,审计事项对独立董事出具否定意见的影响显著为正。

表 2-6　议案事项广义否定意见影响的单变量分析(2)

变量名称	模型 6	模型 7	模型 8	模型 9	模型 10
	广义否定意见	广义否定意见	广义否定意见	广义否定意见	广义否定意见
投资事项	−0.0867	—	—	—	—
	(−0.39)	—	—	—	—
审计事项	—	2.579***	—	—	—
	—	(20.01)	—	—	—
股权事项	—	—	0.226	—	—
	—	—	(0.91)	—	—
资产变动	—	—	—	−1.669***	—
	—	—	—	(−2.88)	—
其他事项	—	—	—	—	−0.599***
	—	—	—	—	(−4.40)
常数项	−4.193***	−4.295***	−4.200***	−4.179***	−4.134***
	(−113.37)	(−111.65)	(−113.87)	(−114.33)	(−108.83)
伪 R^2	0.0000	0.0302	0.0001	0.0019	0.0029
样本数量	51431	51431	51431	51431	51431

注:***表示在 1%的水平下显著。

2. 多元回归分析

由表 2-7 可知,重点监管的事项人事变动、薪酬和关联交易对否定意见发表的影响系数在 1%显著水平下分别为−1.169、−1.224 和−1.250;而年度报告和担保事项对否定意见发表的影响系数在 1%显著水平下分别为 1.020 和 1.954。这与前面的假设 1 一致。

表2-7　各事项否定意见多元回归结果(1)

广义否定意见 变量名称	模型 1 Logit	模型 2 Logit	模型 3 Logit	模型 4 Logit	模型 5 Logit
人事事项	-1.169***	—	—	—	—
	(-7.03)	—	—	—	—
薪酬事项	—	-1.224**	—	—	—
	—	(-2.10)	—	—	—
关联交易	—	—	-1.250***	—	—
	—	—	(-8.20)	—	—
年度报告	—	—	—	1.020***	—
	—	—	—	(6.99)	—
担保事项	—	—	—	—	1.954***
	—	—	—	—	(20.33)
行动类型	-3.386***	-3.304***	-3.362***	-3.298***	-3.545***
	(-19.94)	(-19.75)	(-19.88)	(-19.38)	(-20.31)
二职合一	0.147	0.159	0.0941	0.146	0.132
	(1.31)	(1.41)	(0.83)	(1.30)	(1.16)
独立董事比例	-1.664	-2.179	-2.541*	-2.053	-2.595*
	(-1.24)	(-1.62)	(-1.89)	(-1.53)	(-1.88)
董事会规模	-0.106***	-0.109***	-0.112***	-0.109***	-0.125***
	(-3.10)	(-3.20)	(-3.29)	(-3.17)	(-3.54)
董监高薪酬	6.8e-4**	7.8e-4***	7.81e-4***	8.4e-4***	6.3e-4**
	(2.30)	(2.66)	(2.60)	(2.85)	(2.05)
委员会数量	0.601***	0.597***	0.609***	0.594***	0.530***
	(8.77)	(8.76)	(8.91)	(8.68)	(7.68)
成长性	0.469***	0.461***	0.439***	0.450***	0.430***
	(6.79)	(6.70)	(6.36)	(6.50)	(6.13)
账面市值比	-0.296**	-0.312**	-0.409***	-0.327**	-0.289**
	(-2.24)	(-2.37)	(-3.06)	(-2.47)	(-2.14)
债务水平	1.073***	1.113***	1.156***	1.134***	0.946***
	(4.33)	(4.50)	(4.67)	(4.59)	(3.76)
总资产报酬率	-1.298	-0.883	-0.397	-0.604	-0.225
	(-0.77)	(-0.53)	(-0.24)	(-0.36)	(-0.13)

续表

广义否定意见	模型 1	模型 2	模型 3	模型 4	模型 5
变量名称	Logit	Logit	Logit	Logit	Logit
规模	−1.0e-3	−9.7e-4	2.1e-4	−9.9e-4	−4.6e-4
	(−0.49)	(−0.47)	(0.10)	(−0.48)	(−0.22)
社会关联	0.125	0.132	0.138	0.134	0.111
	(1.34)	(1.41)	(1.48)	(1.44)	(1.17)
股权结构	−0.017**	−0.017**	−0.017**	−0.015*	−0.015*
	(−2.05)	(−2.03)	(−1.97)	(−1.76)	(−1.79)
常数项	10.012***	9.862***	9.936***	10.046***	10.946***
	(22.06)	(21.76)	(22.19)	(22.03)	(22.22)
年份效应	是	是	是	是	是
行业效应	是	是	是	是	是
伪 R^2	0.2178	0.2081	0.2218	0.2135	0.2684
样本数量	42835	42835	42835	42835	42835

注:募集资金和股权分置改革事项无法回归;*、**、***分别表示在10%、5%、1%的水平不显著。

由表2-8可知,审计事项对否定意见发表的影响系数在1%显著水平下为2.260。这与前面的假设1一致。由于审计事项主要是对会计师事务所提出问题的回应,所以第三方质疑和非重点监管事项时,独立董事更可能出具否定意见。投资事项和股权变动对否定意见影响为正但不显著,而资产变动事项显著降低出具否定意见概率。所以基本上独立董事对非明确监管事项出具否定意见更高。

在"一股独大"的股权结构和"逆淘汰"的机制下,对于受到监管层和市场高度关注的事项,独立董事表现更加"暧昧"和不倾向质疑董事会决议,所以出具否定意见的概率更小,而年度报告、担保和审计等事项出具否定意见影响小很多,对其出具否定意见在一定程度上可以得到实际控制人的容忍和市场的赞誉,所以独立董事对明确监管事项和非明确监管事项表现出显著差异。

在控制变量中,行动类型、董事会规模、薪酬、专业委员会数量、成长性、账面市值比、负债水平和第一大股东持股比例都显著影响独立董事出具否定意见。其中,独立董事更多采取单独行为方式出具否定意见,在董事会规模小、薪酬高、专业委员会多、公司成长性好、财务困境严重、债务水平高、股权较分散的公司中,独立董事出具否定意见的概率显著更高;而在相反的情况下,独立董事出具否定意见的概率显著更低。同时,董事长兼任 CEO、独立董事比例、公司规模、盈利状况和社会关联对独立董事出具否定意见的影响不显著。

总之,在独立董事对重点监管事项出具否定意见的概率显著更低,更不愿意与实际控制人产生冲突,而对于非重点监管事项独立董事出具否定意见的概率显著更高,在一定程度上体现独立董事在公司治理中所发挥的作用。另外,在公司治理较好、公司业绩较差时,独立董事更倾向于出具否定意见,这与叶康涛等(2011)的研究结论一致。

表 2-8　各事项否定意见多元回归结果(2)

广义否定意见	模型 6	模型 7	模型 8	模型 9	模型 10
变量名称	Logit	Logit	Logit	Logit	Logit
投资事项	0.121	—	—	—	—
	(0.49)	—	—	—	—
审计事项	—	2.260***	—	—	—
	—	(13.31)	—	—	—
股权变动	—	—	0.413	—	—
	—	—	(1.51)	—	—
资产变动	—	—	—	−1.558***	—
	—	—	—	(−2.66)	—

续表

广义否定意见 变量名称	模型 6 Logit	模型 7 Logit	模型 8 Logit	模型 9 Logit	模型 10 Logit
其他事项	—	—	—	—	−0.217
	—	—	—	—	(−1.20)
行动类型	−3.313***	−3.305***	−3.308***	−3.293***	−3.336***
	(−19.77)	(−19.26)	(−19.78)	(−19.65)	(−19.82)
二职合一	0.159	0.0499	0.158	0.160	0.163
	(1.42)	(0.43)	(1.41)	(1.43)	(1.46)
独立董事比例	−2.145	−2.047	−2.188	−2.074	−2.137
	(−1.60)	(−1.51)	(−1.63)	(−1.54)	(−1.59)
董事会规模	−0.109***	−0.108***	−0.110***	−0.108***	−0.108***
	(−3.18)	(−3.13)	(−3.23)	(−3.18)	(−3.17)
董监高薪酬	7.5e-4**	8.3e-4***	7.5e-4**	7.4e-4**	7.5e-4**
	(2.54)	(2.81)	(2.53)	(2.53)	(2.54)
委员会数量	0.594***	0.604***	0.596***	0.591***	0.590***
	(8.72)	(8.85)	(8.74)	(8.66)	(8.65)
成长性	0.460***	0.405***	0.460***	0.465***	0.459***
	(6.67)	(5.80)	(6.69)	(6.75)	(6.67)
账面市值比	−0.313**	−0.334**	−0.317**	−0.315**	−0.313**
	(−2.37)	(−2.51)	(−2.41)	(−2.39)	(−2.37)
债务水平	1.114***	0.830***	1.115***	1.110***	1.117***
	(4.50)	(3.33)	(4.51)	(4.49)	(4.51)
总资产报酬率	−0.915	−0.322	−0.869	−0.979	−0.866
	(−0.55)	(−0.19)	(−0.52)	(−0.59)	(−0.52)
规模	−9.4e-4	−6.1e-4	−8.7e-4	−8.8e-4	−9.1e-4
	(−0.46)	(−0.30)	(−0.42)	(−0.43)	(−0.44)
社会关联	0.136	0.148	0.141	0.144	0.137
	(1.46)	(1.57)	(1.52)	(1.55)	(1.47)
股权结构	−0.017**	−0.016*	−0.017**	−0.017**	0.012***
	(−2.05)	(−1.94)	(−2.06)	(−1.97)	(−3.30)
常数项	987.3***	1001.4***	987.1***	996.9***	976.4***
	(21.80)	(21.60)	(21.81)	(21.82)	(21.17)

续表

广义否定意见	模型 6	模型 7	模型 8	模型 9	模型 10
变量名称	Logit	Logit	Logit	Logit	Logit
年份效应	是	是	是	是	是
行业效应	是	是	是	是	是
伪 R^2	0.2070	0.2278	0.2073	0.2090	0.2072
样本数量	42835	42835	42835	42835	42835

注：*、**、***分别表示在10%、5%、1%的水平下显著。

（二）各议案事项对独立董事狭义否定意见的影响分析

通过上述分析可知,独立董事对监管机构明确的议案事项发表广义否定意见的概率更低,而对非明确监管事项出具否定意见的概率更高。由于发表明确否定意见和非明确否定意见的动机不同,那么发表明确否定意见的独立董事对不同议案事项是否有规可循。也就是说,是否更愿意对非明确监管议案事项出具否定意见。

在明确监管事项中,薪酬事项独立董事发表反对和提出异议的样本非常少,无法使用回归分析,但证实了独立董事不愿意对明确监管事项出具否定意见的结论。由表2-9可知,独立董事对人事变动和关联交易事项发表明确否定意见的概率低,而且关联交易事项是5%显著性水平。与前面的假设1一致。

表2-9 明确监管事项狭义否定意见

狭义否定意见	模型 1	模型 2
	Logit	Logit
人事事项	−0.0876	—
	(−0.28)	—

续表

狭义否定意见	模型 1	模型 2
	Logit	Logit
关联交易	—	−0.245**
	—	(−2.25)
常数项	7.553***	7.477***
	(7.80)	(7.70)
年份效应	是	是
行业效应	是	是
伪 R^2	0.0969	0.1011
样本数量	51431	51431

注:薪酬事项否定意见样本过少无法回归分析。**、***分别表示在5%、1%的水平下显著。

在狭义否定意见下,独立董事也更容易对非明确监管议案事项说"不"。由表2-10可知,对于年度报告(*Annual_reports*)、股权变动(*Equity_change*)、其他事项(*Other*),独立董事显著增加出具否定意见概率。年度报告主要是对利润分配方案、专项事项补充说明等多方面内容,由于利润分配方案关系股东的直接收益受到众多股东和市场高度关注,所以独立董事对其不合理和不合规的事项更容易发表狭义否定意见。股权变动直接关系到公司控制权问题,容易引起各股东争执,从而代表不同股东的独立董事容易出具否定意见。由于其他事项内容涵盖广而且大多与实际控制发生根本性冲突较少,独立董事更愿意对此类事项出具否定意见。这样既能够不惹怒实际控制人,同时也履行了自己监督职能,因此,独立董事往往倾向对此类事项出具否定意见。虽然对投资收购(*Investment_acquisition*)和资产变动(*Assets_change*)容易出具否定意见,但统计上不显著。所以在狭义否定意见下,回归结果与假设1是一致的。

表 2-10　非明确监管事项明确否定意见

狭义否定意见	模型 1 Logit	模型 2 Logit	模型 3 Logit	模型 4 Logit	模型 5 Logit	模型 6 Logit	模型 7 Logit
年度报告	1.481***	—	—	—	—	—	—
	(4.62)	—	—	—	—	—	—
担保事项	—	0.169	—	—	—	—	—
	—	(0.42)	—	—	—	—	—
投资事项	—	—	−0.398	—	—	—	—
	—	—	(−0.39)	—	—	—	—
审计事项	—	—	—	0.902	—	—	—
	—	—	—	(1.25)	—	—	—
股权变动	—	—	—	—	1.148***	—	—
	—	—	—	—	(2.66)	—	—
资产变动	—	—	—	—	—	−0.622	—
	—	—	—	—	—	(−0.62)	—
其他事项	—	—	—	—	—	—	1.610***
	—	—	—	—	—	—	(5.43)
常数项	7.790***	7.611***	7.523***	7.551***	7.393***	7.569***	8.510***
	(7.91)	(7.71)	(7.77)	(7.79)	(7.60)	(7.80)	(8.81)
年份效应	是	是	是	是	是	是	是
行业效应	是	是	是	是	是	是	是
伪 R^2	0.1112	0.0970	0.0970	0.0980	0.1017	0.0973	0.1174
样本数量	51431	51431	51431	51431	51431	51431	51431

注:募集资金和股权分置改革事项无法回归;***表示在1%的水平下显著。

二、股权分置改革对独立董事不同议案事项否定意见影响

股权分置改革是中国资本市场上重大制度变革,对资本市场运行和上市公司治理产生深远影响。股权分置改革完成使得不同

股东具有相同的利益基础,大股东将大大减少通过现金股利方式获得收益,而更加关注上市公司的市场反应,这必将对独立董事的监督行为产生重大影响。

由于议案事项的类型多达 12 种,一一分析将难以获得有代表性结论,所以下面将对有代表性议案事项进行分析。根据各议案事项否定意见的数量和比例,选择其中出现次数较多和占比高的人事议案事项、年度报告议案事项、担保议案事项和审计议案事项进行分析。

我们分别从重点监管事项和非重点监管事项中选取代表性事项进行典型分析。在人事变动、薪酬和关联交易重点监管事项中,关联交易和人事变动事项的意见数量、否定意见数量都较高,所以选取关联交易和人事变动作为重点监管事项的代表。而在非重点监管事项中,担保事项否定意见次数最多、审计事项否定意见比例最高,所以选择担保事项和审计事项作为非重点监管事项的代表。

(一)各议案事项否定意见数量股权分置改革前后变化

由表 2-11 可知,股权分置改革后,明确事项的否定意见大幅下降,其中人事变动的否定意见数量由 67 次下降为 2 次,关联交易的否定意见数量由 74 次下降为 9 次,均减少了 65 次;非明确事项的否定意见也大幅下降,其中担保事项否定意见数量由 290 次下降为 10 次,审计事项的否定意见次数由 77 次下降为 1 次。所以股权分置改革后明确监管事项和非明确监管事项出具否定意见的数量都大幅下降,这与假设 2 是一致的。

表 2-11　股权分置改革前后各事项否定意见的比较　　（单位：次）

事项类别	变量	股权分置改革前各事项否定意见		股权分置改革后各事项否定意见		数量差
		观测值	数量	观测值	数量	
明确事项	*CEO_Turnover*	717	67	46	2	−65
	Connceted_transaction	717	74	46	9	−65
非明确事项	*Loan_Guarantee*	717	290	46	10	−280
	Audit	717	77	46	1	−76

（二）股权分置改革对各议案事项否定意见的影响分析

本部分将从股权分置改革调节效应、股权分置改革前子样本和股权分置改革后子样本三方面分析股权分置改革对独立董事出具否定意见的影响。通过设置议案事项与股权分置改革（虚拟变量）的交乘项，考察股权分置改革如何通过对事项影响最终影响否定意见发表。通过对比股权前后子样本，考察对明确监管事项和非明确监管事项出具否定意见情况的变化规律。

由表 2-12 可知，明确监管的人事变动和关联交易事项股权分置改革的调节效应都是显著为负，这就是说股权分置改革后对各议案事项出具否定意见的概率下降，这与假设 2 是一致的。具体来看，由表 2-12 可知，对于人事变动议案事项，股权分置改革前后独立董事都不愿意出具否定意见，而且股权分置改革后独立董事更加不愿意对人事变动事项出具否定意见（系数由−0.821 变为−1.362）。对于关联交易议案事项，独立董事也都不愿意出具否定意见。股权分置改革后从系数−0.946 变为不显著的−0.174，这一方面说明股权分置改革后独立董事不轻易对关联交易事项出具否定意见，另一方面表明关联交易事项意见面临更高的法律风险,所以独立董事会对严重违规事项出具否定意见。所以股权分置改革后,关联交易事项否定意见整体大幅下降,同时相对其他事项有所上升。这与假设 3 是一致的,即股权分置改革后对明确监管议案事项出具否定意见概率相对上升。

表 2-12 股权分置改革对各事项否定意见影响(1)

广义否定意见	人事变动			关联交易		
变量名称	全样本	股权分置改革前样本	股权分置改革后样本	全样本	股权分置改革前样本	股权分置改革后样本
人事事项	-3.088***	-0.821***	-1.362*	—	—	—
	(-3.08)	(-6.32)	(-1.88)	—	—	—
人事事项与股权分置改革的交乘项	-4.495***	—	—	—	—	—
	(-4.45)	—	—	—	—	—
关联交易事项	—	—	—	-2.115***	-0.946***	-0.174
	—	—	—	(-4.67)	(-7.62)	(-0.47)
关联交易与股权分置改革的交乘项	—	—	—	-2.058***	—	—
	—	—	—	(-4.11)	—	—
常数项	-5.451***	-3.040***	-6.483***	-5.214***	-3.002***	-6.566***
	(-73.79)	(-75.73)	(-42.97)	(-76.41)	(-74.30)	(-39.91)
伪 R^2	0.0346	0.0082	0.0078	0.0151	0.0123	0.0003
样本数量	51431	17495	33936	51431	17495	33936

注:前三列回归结果是关于人事事项的回归结果,后三列回归结果是关于关联交易的回归结果。*、***分别表示在 10%、1%的水平下显著。

由表 2-13 可知,担保事项和审计事项与股权分置改革交乘项的系数都显著为负,所以股权分置改革后独立董事对担保事项和审计事项出具否定意见的概率下降,这与假设 2 一致。对于股权分置改革前后的子样本而言,担保事项的系数由股权分置改革前的在 1% 显著性水平下的 2.031 变为股权分置改革后不显著的 0.426,这说明股权分置改革后担保事项否定意见的概率相对下降;审计事项的系数由股权分置改革前在 1% 显著性水平的 2.285 变为股权分置改革后不显著的 0.175,这说明股权分置改革后审计事项否定意见的概率相对下降,也即股权分置改革后非明确监管事项的否定意见概率相对下降,这与假设 3 是一致的。从全样本看,股权分置改革后,独立董事对非明确事项出具否定意见概率下降;从子样本看,无论是担保事项还是审计事项股权分置改革后出具否定意见的概率相对下降。这说明,在股权分置改革后独立董事更少出具否定意见背景下,独立董事出具否定意见将更加关注明确监管事项。由于明确监管事项独立董事必须发表个人意见,所以对此类议案事项独立董事具有明确的法律责任和道德义务。在很少说"不"的环境下,独立董事对明确监管事项出具否定意见能够规避法律风险和维护良好声誉。所以,股权分置改革后独立董事对明确监管事项的否定意见相对增加,而对非明确事项的否定意见相对降低。

表 2-13　股权分置改革对各事项否定意见影响(2)

广义否定意见	担保事项			审计事项		
变量名称	全样本	股权分置改革前样本	股权分置改革后样本	全样本	股权分置改革前样本	股权分置改革后样本
担保事项	1.017***	2.031***	0.426	—	—	—
	(2.99)	(25.03)	(1.19)	—	—	—
担保事项与股权分置改革的交乘项	-1.952***	—	—	—	—	—
	(-4.85)	—	—	—	—	—

续表

广义否定意见	担保事项			审计事项		
变量名称	全样本	股权分置改革前样本	股权分置改革后样本	全样本	股权分置改革前样本	股权分置改革后样本
审计事项	—	—	—	1.613***	2.285***	0.175
	—	—	—	(5.17)	(16.35)	(1.16)
审计事项与股权分置改革的交乘项	—	—	—	−1.713***	—	—
	—	—	—	(−5.24)	—	—
常数项	−5.343***	−3.856***	−6.681***	−5.432***	−3.254***	−6.617***
	(−77.61)	(−73.09)	(−40.06)	(−80.39)	(−80.78)	(44.36)
伪 R^2	0.0086	0.0866	0.0019	0.0111	0.0311	0.0014
样本数量	51431	17495	33936	51431	17495	33936

注:前三列回归结果是关于担保事项的回归结果,后三列回归结果是关于审计事项的回归结果;***表示在1%的水平下显著。

第四节　明确监管事项的稳健性检验

一、明确监管事项的进一步检验

为了进一步检验假设1(独立董事对明确监管事项出具否定意见显著降低),下面将人事事项、薪酬事项和关联交易归为明确监管事项(Clear_iterm)设为1,而其余事项均设为0。在表2-14中,模型1表示未控制公司特征变量和公司治理特征变量下,明确监管事项对独立董事出具否定意见的影响;模型2表示在控制公司特征变量和公司治理特征变量下,明确监管事项对独立董事出具否定意见的影响。

由表2-14的回归结果可知,无论是模型1还是模型2,明确监管事项都在1%水平下显著降低独立董事出具否定意见概率，而控制潜在影响因素后，明确监管事项对独立董事出具否定意见的影响更大（由−0.304变为−0.664），与假设1保持一致。另外，其他控制变量影响与前面的分析基本一致。

表2-14　监管重点事项回归结果

变量名称	模型1	模型2
	广义否定意见	广义否定意见
明确监管事项	−0.304**	−0.664***
	(−2.23)	(−3.16)
行动类型	—	−5.040***
	—	(−22.33)
二职合一	—	0.797***
	—	(3.52)
独立董事比例	—	0.212
	—	(1.02)
董事会规模	—	−10.38***
	—	(−2.85)
董监高薪酬	—	0.129*
	—	(1.84)
委员会数量	—	0.001
	—	(1.46)
成长性	—	0.828***
	—	(5.22)
账面市值比	—	0.426***
	—	(2.77)
债务水平	—	0.612***
	—	(2.59)
总资产报酬率	—	1.111**
	—	(1.99)
规模	—	−13.74***
	—	(−3.45)

变量名称	模型 1	模型 2
	广义否定意见	广义否定意见
社会关联	—	-0.010^{**}
	—	(-1.97)
股权结构	—	-0.015^{*}
	—	(-1.83)
常数项	-5.245^{***}	703.3^{***}
	(-65.96)	(7.93)
年份效应	否	是
行业效应	否	是
伪 R^2	0.0017	0.3938
N	51431	42835

注：$*$、$**$、$***$分别表示在10%、5%、1%的水平下显著。

二、狭义否定意见的进一步再检验

不同口径的否定意见将直接影响研究结果的稳健性，所以下面将在狭义否定意见下，分析各议案事项如何影响独立董事出具否定意见。同时，本章第三节各议案事项对独立董事狭义否定意见的影响分析中，没有考虑其他潜在因素的影响，将会产生遗漏变量所带来的内生性问题。所以下面将控制公司层面和公司治理层面的潜在因素，进一步分析各议案事项对独立董事出具狭义否定意见的影响。由于有的事项出具狭义否定意见的数量很少和对否定意见的影响高度一致，所以下面将对经常发生的议案事项进行分析。

由表2-15的回归结果可知，在明确监管事项中，人事事项（*CEO_Turnover*）和关联交易事项（*Connceted_transaction*）对独立董事出具狭义否定意见的影响为负，这与假设1基本保持一致。而在非明确监管事项中，审计事项（*Audit*）、股权变动（*Equity_change*）、资产变动（*Assets_change*）和其他事项（*Other*）对独立董事出具狭义否定意见的影响为正，也就是更愿意对这些议案事项出具否定意见，这与假设 1 保持基本一致。

表 2-15　狭义否定意见的多元回归

变量名称	模型 1 狭义否定意见	模型 2 狭义否定意见	模型 3 狭义否定意见	模型 4 狭义否定意见	模型 5 狭义否定意见	模型 6 狭义否定意见	模型 7 狭义否定意见
人事事项	−0.218	—	—	—	—	—	—
	(−1.10)	—	—	—	—	—	—
关联交易	—	−0.172	—	—	—	—	—
	—	(−0.91)	—	—	—	—	—
担保事项	—	—	−0.117	—	—	—	—
	—	—	(−0.51)	—	—	—	—
审计事项	—	—	—	0.088	—	—	—
	—	—	—	(0.24)	—	—	—
股权变动	—	—	—	—	1.003***	—	—
	—	—	—	—	(4.80)	—	—
资产变动	—	—	—	—	—	0.227	—
	—	—	—	—	—	(0.61)	—
其他事项	—	—	—	—	—	—	0.525***
	—	—	—	—	—	—	(3.07)
对照	是	是	是	是	是	是	是
年份效应	是	是	是	是	是	是	是
行业效应	是	是	是	是	是	是	是
伪 R^2	0.3368	0.3359	0.3348	0.3343	0.3669	0.3348	0.3503
N	42835	42835	42835	42835	42835	42835	42835

独立董事认真履行监督职能是改善公司治理和保护中小股东利益的重要机制。我国上市公司独立董事监督功能的发挥不尽如

人意,往往被戏称为"花瓶"或"不独不懂"。现有文献大多把独立董事比例或数量作为独立董事的代理变量,直接对独立董事监督具体过程考察的文献尚属罕见。本章聚集独立董事监督过程中议案事项,系统分析明确监管议案事项与非明确监管议案事项对出具否定意见的影响;同时,进一步考察股权分置改革对独立董事对不同议案事项出具否定意见的影响。基于我国特有的上市公司独立董事投票意见的相关数据,分析议案事项与股权分置改革对独立董事出具否定意见的影响。

研究发现,第一,独立董事对明确监管事项出具否定意见概率低,而对非明确监管事项出具否定意见概率高。对于证监会明确要求发表意见的人事变动、薪酬事项和关联交易事项,独立董事往往更加不愿意出具否定意见。在"任人唯亲"(郑志刚等,2012)和"一股独大"的环境下,由于明确监管事项发生频率高、市场反应强烈和更容易与实际控制人发生激烈冲突,所以独立董事对其出具否定意见的意愿和概率低。而非明确监管事项涉及内容众多且不是明确监管重点,所以独立董事对其出具否定意见的概率相对较高。

第二,股权分置改革后,独立董事对议案事项出具否定意见的概率更低。股权分置改革后,股东有共同的利益基础和市场压力变大,实际控制人更加关注市场反应,而否定意见的发表将对上市公司股价产生强烈冲击,实际控制人更加难以容忍否定意见的出现。出于财富损失和席位丢失考虑(唐雪松等,2010),独立董事出具否定意见的概率更低。股权分置改革对提高独立董事监督作用并没有达到预期作用,反而使监督作用产生一定程度弱化。

第三,股权分置改革后,独立董事对明确监管事项出具否定意见的概率相对增加,而对非明确监管事项的出具否定意见的概率相对减少。尽管股权分置改革后,对议案事项出具否定意见的概率大大降低,但是在各议案事项内部,独立董事对明确监管事项出具否定意见概率相对增加。股权分置改革后独立董事对议案事项出具否定意见,更多出于规避法律风险而为之。由于明确监管事项更加受到监管层和市场关注,所以独立董事为了避免"丑闻爆发"后带来的法律风险和声誉损失,对明确监管事项出具否定意见概率相对较高。同时,由于非明确监管事项没有明确要求发表意见和涉及内容众多,所以独立董事面临的潜在法律风险低,从而出具否定意见概率相对较低。

第三章　公司违规处罚与独立董事
出具否定意见

在公司治理中,独立董事制度被认为是解决股东与经理人之间代理问题和大股东与小股东之间代理问题的重要制度设计(Fama 和 Jensen,1983)。通过监督经理人和大股东来降低第一类代理成本与第二类代理成本,所以独立董事关键职责就是监督作用。现有文献发现,独立董事能够降低在职消费和提高盈余质量稳定性等作用(Hermalin 和 Weisbach,1988;Rosenstein 和 Wyatt,1990),提高公司治理质量和治理水平。与此同时,郑春美、李文耀(2011)认为,独立董事势单力薄,仅拥有某些象征性职权,独立董事制度的作用有限。王兵(2007)认为,总体上看,我国独立董事还没有有效发挥监督作用。现有文献往往采用独立董事占比为代理变量(Proxy)研究独立董事的监督作用,而没有研究具体监督行为可能是造成分析结果不一致的重要原因。现有文献利用独立董事投票数据文献主要分析独立董事出具否定意见动机、市场反应和对公司整体价值影响(唐雪松等,2010;叶康涛等,2011 和唐雪松等,2013);现有有关违规的文献大多考察哪些因素影响违规、哪些因素可以预测违规、公司违规市场反应等(冯旭南、陈工孟,2011;蔡志岳、吴世农,2007;陆瑶、李茶,2016),上述领域均尚未发现对具体监督行为(出具否定意见)与违规之间关系。为此,本章将围绕公司违规与独立董事出具否定意见展开讨论,系统讨论公司违规对否定意见的影响。

运用独立董事在董事会投票的独特数据,围绕公司违规与独立董事是否出具否定意见履行监督职能,主要回答以下几个问题。第一,当违规发生时,独立董事出具否定意见概率是否显著增加?也就是独立董事对公司违规事件是否起到监督作用,独立董事监督职能是否有效?第二,当会计师事务所出具"非标"意见时,独立董事出具否定意见概率是否显著增加?使用会计师事务所出具"非标"意见作为公司潜在违规代理变量,考察独立董事能否对潜在违规事件产生监督作用?第三,监督行为是主动为之,还是消极被动之举?第四,在"逆淘汰"公司违规发生时,独立董事能否起到监督作用?

本章从以下几个方面对公司治理文献构成新的贡献。第一,不同于以往文献使用独立董事比例代理变量分析独立董事如何影响违规事件,本章使用独立董事具体监督行为(出具否定意见)考察其与公司违规之间关系,避免逻辑链条太长和作用机制不明等问题。

第二,考察潜在违规行为——"非标"意见如何影响独立董事监督行为。会计师事务所出具"非标"意见意味向独立董事揭示公司可能存在的问题。也就是说,有违规线索时,独立董事如何履行监督职能,是积极监督还是默许纵容?本章证实当出具"非标"

意见时,独立董事出具否定意见概率显著增加。当有第三方提供问题线索时,独立董事能够履行监督职能。

第三,考察监督行为是积极主动而为,还是消极被动之举。本章考察了在违规的不同时期,独立董事监督行为有何变化。令违规实际发生到违规处罚公告公布前为一个时期,而违规处罚公告公布后为另一个时期。当独立董事出具否定意见概率在前一个时期较高,表明独立董事积极主动监督出具否定意见,能够抑制违规不良影响和有助于违规被发现和受到处罚。而当独立董事出具否定意见概率在后一个时期较高时,表明独立董事并没有勤勉监督,其监督行为更可能为规避法律风险的自保之举。本章证实在违规公告发表之后,独立董事出具否定意见显著高于违规公告公布前,证实独立董事监督行为是消极被动之举,独立董事监督机制有待进一步改善。

第四,本章考察"逆淘汰"公司违规时,独立董事能否有效履行监督职能。对"逆淘汰"公司违规进行监督,独立董事将面临明确丢掉董事席位的风险。虽然对违规事件视而不见或默认可能面临法律风险,但是面临的风险和处罚却是不确定的。考察在此种情形下独立董事监督职能如何履行,本章证实"逆淘汰"公司违规独立董事出具否定意见概率是显著降低的。所以在"逆淘汰"机制和"任人唯亲"董事会文化下,独立董事出于理性考虑常常难以有效履行监督职责。

第一节　公司违规与独立董事具体
监督行为的假设发展

公司治理是否有效可以通过考察是否发生经理层侵害股东利益或大股东侵害小股东利益的违规事件。违规发生诚然表示公司治理存在一定问题,独立董事对违规发生态度(是否提出质疑或出具否定意见)则是公司治理有效与否的直接表现。在公司治理中,独立董事关键职责是监督大股东和经理人,是解决两类代理问题的重要制度设计。公司违规发生,独立董事是否出具否定意见起到应有监督作用,还是默许或纵容违规发生?这是直接监督公司治理中的独立董事监督有效性的直接证据。现有违规与公司治理研究文献中(于晓强、刘善存,2012;Jensen,1993;陈工孟、高宁,2005),大多采用独立董事比例、董事长是否兼任 CEO 和董事会规模等作为代理变量,进而分析其与违规之间的关系。这些代理变量虽然能够度量公司治理的某些特征,但是无法直接反映治理机制,代理变量与违规之间存在较大逻辑跳跃。为了厘清违规与公司治理之间具体作用机埋,本章将分析公司违规与独立董事具体监督行为之间的关系,考察独立董事在公司违规中所起作用。

一、公司违规对独立董事否定意见影响分析

独立董事是董事会发挥公司治理关键作用的有机组成部分。独立董事具有战略咨询和监督的职能,所以不仅应该提高公司决

策水平,从而避免违规事件发生,而且应该对违规事件出具否定意见,阻止违规发生或及时向市场传递真实信息。冯旭南、陈工孟(2011)研究发现,独立董事比例提高将显著降低违规发生,独立董事对违规能够起到一定监督作用。于晓强、刘善存(2012)研究发现,公司董事会规模、独立董事的比例对公司信息披露违规有一定的抑制作用,但统计意义上并不显著,表明独立董事监督作用在违规事件中所起作用比较有限。邓可斌、周小丹(2012)研究发现,独立董事存在合谋可能性,而对严重违规行为则有一定监督作用。既然独立董事能够对违规行为起到一定监督作用,那么独立董事在违规发生应该采取具体行为来体现其监督职能。独立董事出具否定意见是独立董事履行监督职能最直接和直观的表达方式。所以当违规发生时,独立董事出具否定意见概率应该增加。基于上述分析,提出待检验假设1:

假设1:在其他条件相同下,违规显著增加独立董事出具否定意见概率。

二、"非标"意见对独立董事否定意见影响分析

一般情况下,会计师事务所发现上市公司年报在财务状况、经营成果和现金流量等方面没有客观公允反映公司实际情况时,会要求上市公司对年报进行调整。如果上市公司不同意调整,则会计师事务所为了降低自身风险而出具非标准无保留审计意见(以下简称"非标"意见)。由于出具"非标"意见将很可能被上市公司更换会计师事务所(耿建新、杨鹤,2001),所以考虑与上市公司的长期合作,会计师事务所不会轻易出具"非标"意见。但是一旦上市公司的财务违规被发现,主审会计师事务所将涉及其中,而且面

临监管机构的严厉惩罚。例如,中天勤会计师事务所在银广夏事件中涉事,注册会计师资格被吊销和会计师事务所执业资格被吊销,对会计师事务所带来致命打击。因此,会计师事务所会对重大违规事件出具"非标"意见。被出具"非标"意见的公司在一定程度上表明存在财务或经营等方面违规,是公司违规的一个表征,在此作为公司违规的一个代理变量。劳拉和圣地亚哥(Laura 和 Santiago,2008)研究发现,可操控应计额与其他"非标"意见呈正相关关系,表明盈余管理的公司更可能被审计师出具"非标"意见。赫斯特(Hirst,1994)研究了审计师对盈余管理行为的敏感性,发现审计师可能对潜在风险出具"非标"意见。2015 年 2862 家上市公司中仅有 103 家公司(王雪青,2016),约 3.6%公司被出具"非标"审计报告,说明会计师事务所出具否定意见比较谨慎且权衡风险收益。换句话说,就是会计师事务所出具否定意见意味着他们发现严重问题或违规行为,所以独立董事对被第三方会计师事务所揭示的问题不应该坐视不理而应出具否定意见加以纠正和解决。基于以上分析,我们提出待检验假设 2:

假设 2:在其他条件下,会计师事务所出具"非标"意见越多,独立董事出具否定意见概率越高。

三、违规处罚公告前后对独立董事否定意见影响分析

公司违规与公司违规处罚是两个不同的概念。公司违规是公司违反相关规章、细则或法律等,但并不是所有违规都会被发现,本章所指违规就是最终被发现的违规。从时间维度看,公司违规与公司违规处罚公告发表需要一定时间调查取证等。违规行为当年受到处罚的仅占25%,而费时最长的深圳物业 A 高达 16 年才

公告,长期以来的违规买卖股票行为①。77%的违规到被处罚公告时间为3年左右,所以分析公告前后三年独立董事出具否定意见情况。在违规公告公布前后独立董事出具否定意见具有不同意义和监督作用。如果独立董事在违规发生时出具否定意见那么能够提高决策水平、向市场和监管部门传递有效信息,起到较好监督大股东或实际控制人和保护中小股东利益作用。而当违规处罚公告公布后,独立董事出具否定意见虽然也能够起到一定的监督作用,但是更多可能出于独立董事自我规避风险的自保之举,监督功能将大打折扣。公司违规既可能被发现,也可能没有被发现,而当违规发生而外界不知道时,可能出于侥幸心理,违规行为并没有使独立董事出具否定意见概率更高。而当违规处罚公告发布后,监管方已经掌握公司违规相关证据,市场也已经获悉相关违规和处罚信息,这时独立董事若仍无所作为可能要受到监管方追责和影响其在市场中声誉,所以在违规处罚公告公布后独立董事出具否定意见概率增加。基于以上分析,我们提出待检验假设3:

假设3:在其他条件相同下,违规公告发表前独立董事出具否定意见概率较低,而违规公告发表后独立董事出具否定意见概率较高。

四、"逆淘汰"公司违规对独立董事否定意见影响分析

发生"逆淘汰"公司意味着独立董事出具否定意见的成本更高,面临更高概率失去独立董事席位。"逆淘汰"效应是指当独立董事勤勉履职,对不合规的议案事项和潜在风险提出质疑或出具

---

① 资料来源:中证网,http://www.cs.com.cn/。

否定意见以后,相对于没有质疑或出具否定意见的独立董事更容易离职或不易连任(唐雪松等,2010;郑志刚等,2016)。"逆淘汰"公司一方面使独立董事容易丢掉董事席位或无法连任等财富损失,独立董事不愿意对其出具否定意见;另一方面虽然"逆淘汰"公司违规时,独立董事面临潜在的法律风险,但是其预期到出具否定意见的明确结果——被淘汰,在明确损失与不确定风险选择时,独立董事很可能为了获得董事席位等财富,而不愿出具否定意见。基于以上分析,我们提出待检验假设4:

假设4:在其他条件相同下,"逆淘汰"公司发生违规时,独立董事出具否定意见概率显著降低。

第二节 否定意见与违规类型的数据样本与统计描述

一、样本选择与变量说明

本章有的基本数据主要来自 CSMAR 数据库,对其中关键核心变量否定意见、违规等在公司年报或巨潮资讯网[①]进行手工检验和校正。由于 2004 年 12 月中国证监会强制上市公司披露董事会的投票情况,故样本开始年份效应为 2005 年。由于 2015 年开始我国新一轮的"牛市",急剧上升的股指引起监管层高度关注和加大查处力度,违规行为频频爆发和受到处罚,对研究违规行为产生较大冲击,所以本章的样本期终止时间是 2014 年。在剔除缺失

---

① 资料来源:巨潮资讯网,http://www.cninfo.com.cn/cninfo-new/index。

数据样本后,本章最终以 2005—2014 年 A 股的 43512 个独立董事意见—公司—年份效应的观察值为研究对象。为降低异常值的潜在影响,对所有连续变量在 1% 水平和 99% 水平进行 Winsorize 处理。

本章研究违规发生对独立董事出具否定意见影响。因此,以独立董事在公司发生违规时,否定意见($Negative$ 和 $Opinion$)、否定意见数量($Negative\_NO.$)、公告后否定意见($After-N$)和公告前否定意见($Befor\_N$)为被解释变量。为了刻画独立董事对违规行为的容忍程度差异,同时借鉴唐雪松等(2010)和叶康涛等(2011)做法用不同程度否定意见分别度量,本章采用狭义否定意见($Opinion$)和广义否定意见($Negative$)。由于狭义否定意见和广义否定意见都是虚拟变量只能度量有无差异,而无法度量多少差异,所以采用否定意见数量($Negative\_NO.$)进一步刻画独立董事对违规事件监督力度。

主要解释变量为违规($Violate$)、信息披露违规($Information\_V$)、经营违规($Mangement\_V$)、领导者违规($Leader\_V$)和"非标"意见($Modifed$)等。这里违规是指违反交易所、证监会和政府相关职能部门的有关规定,而且已经发生但是没有还被发现和受到处罚前。囿于独立董事精力和获取不同信息难度,独立董事是否能对各类违规起到监督作用需进一步探究。所以本章不仅考察整体违规($Violate$)而且分类考察信息披露违规($Information\_V$)、经营违规($Mangement\_V$)和领导者违规($Leader\_V$)对出具否定意见影响。除了从政府监督角度外,本章把市场第三方会计师事务所出具的"非标"意见作为度量违规或潜在违规的代理变量。

为了控制其他变量对独立董事出具否定意见的影响,借鉴唐雪松等(2010)、叶康涛等(2011)、刘诚等(2012)和郑志刚等(2016)等研究成果,本章同时控制了反映独立董事行动类型和独立董事特征的变量。其中,公司特征变量为:董事长是否兼任CEO、董事会规模、独立董事比率、高管薪酬、专业委员会数量、社会关联、股权结构、成长性、公司规模、负债水平和盈利水平;同时还控制行业效应和年份效应变量。具体的变量定义见表3-1。

表3-1 主要变量定义

变量	符号	定义
广义否定意见	$Negative$	同意意见外的所有意见为1,同意意见为0
狭义否定意见	$Opinion$	反对和提出异议为1,否则为0
否定意见数量	$Negative\_NO.$	每年广义否定意见的数量
公告后否定意见	$After\text{-}N$	违规公告后三年否定意见均值
公告前否定意见	$Befor\text{-}N$	违规公告前三年否定意见均值
违规	$Violate$	发生违规为1,否则为0
信息披露违规	$Information\_V$	虚构利润、虚列资产、虚假记载(误导性陈述)、推迟披露、重大遗漏、披露不实和一般会计处理不当为1,否则为0
经营违规	$Mangement\_V$	出资违规、擅自改变资金用途、占用公司资产、违规担保以及其他经营违规为1,否则为0
领导违规	$Leader\_V$	内幕交易、违法违规买卖股票和操纵股价为1,否则为0
违规频数	$Violate\_NO.$	年度违规次数
行动类型	$Act\ Type$	两人及以上出具否定意见为1,否则为0
"逆淘汰"	$Adverse$	发生过逆淘汰公司为1,否则为0
"非标"意见	$Modifed$	"非标"准无保留意见为1,否则为0
兼任	$Dual$	董事长兼任总经理为1,否则为0
董事会规模	$Boards$	董事会董事数量
独立董事比率	$Ratio$	独立董事在董事会所占比率
高管薪酬	$Executive\_compensation$	董事、监事和高管的薪酬

续表

变量	符号	定义
专业委员会数量	*Committee*	专业委员会数量
社会关联	*Social Tie*	独立董事工作地与上市公司注册相同为 1,否则为 0
股权结构	*Top 1*	第一股东持股数量占总股本数
成长性	*Tobin'Q*	为公司市值除以公司重置成本
总资产规模	*total-asset*	上市公司总资产
负债水平	*Lev*	负债除以总资产
盈利水平	*ROA*	净利润除以总资产

二、主要变量的描述性统计分析

表 3-2 报告了本章主要变量的均值、标准差、最小值和最大值。(1)关于否定意见变量。广义否定意见均值为 0.0117 说明独立董事不轻易出具否定意见,每年出具否定意见最多达 4 次,说明在公司发生违规或重大不合理决策时,独立董事能够起到一定监督作用。违规公告公布后出具否定意见的均值为 0.4399,而违规公告公布前出具否定意见的均值仅为 0.1595,说明独立董事倾向监管机构处罚之后加大监督力度对不合理议案出具否定意见。(2)关于违规变量。在独立董事出具意见的公司中,有 18.63% 的发生过违规事件。在不同违规中,信息披露违规数量均值最大为 0.0310,其次为经营违规均值为 0.0057,而领导违规均值最少为 0.0046。违规次数中,每年最多高达 26 次违规行为,说明上市公司中极个别公司的公司治理差、公司运作很不规范。(3)关于控制变量。独立董事出具意见大多采用集体行动方式,仅有 0.61% 的意见是单独行动出具的;有 15.32% 公司的董事长兼任 CEO,董事会董事数量平均为 9 人多,独立董事在董事长占比均值为

36.29%,第一大股东持股比例为35.67%,专业委员会数量平均是
3.56个,其他控制变量统计性描述与以往文献保持一致。

表3-2 主要变量描述性统计

变量名称	观测值	均值	标准差	最小值	最大值
广义否定意见	43512	0.0117	0.1077	0	1
否定意见数量	43512	0.0021	0.0604	0	4
公告后否定意见	763	0.4399	0.2063	0.3333	1
公告前否定意见	763	0.1595	0.2776	0	1
违规	43512	0.1863	0.3894	0	1
信息披露违规	43512	0.0310	0.1732	0	1
经营违规	43512	0.0057	0.0750	0	1
领导违规	43512	0.0046	0.0680	0	1
违规频数	43512	0.2190	1.4264	0	26
"非标"意见	51431	0.0870	0.2818	0	1
逆淘汰	50650	0.0727	0.2596	0	1
行动类型	43512	0.9922	0.0882	0	1
兼任	39047	0.1532	0.3602	0	1
董事会规模	43012	9.2356	2.0447	3	18
独立董事比率	43012	0.3629	0.0568	0	0.7143
高管薪酬	43327	391.7028	599.0608	0	10609
专业委员会数量	40850	3.5610	1.1886	0	8
社会关联	43478	0.3796	0.4853	0	1
股权结构	43512	35.6692	15.8594	3.62	84.98
成长性	43512	18.7259	862.8346	0.0447	58008.94
总资产规模	43512	82.6074	568.7333	0.0005	21864.59
负债水平	43504	0.8634	13.7660	-0.6838	1332.978
盈利水平	43158	-0.0088	18.1755	-0.0211	759.0223

三、各变量之间的相关系数矩阵

为了分析各主要变量之间的关系,下面将使用相关系数矩阵

方法对各变量之间的相互关系进行分析。变量之间关系的相互关系的系数如表3-3和表3-4所示。

　　由表3-3可知,各变量之间的相关性系数较低大多处于0.1以下,表明各变量具有较强的独立性和解释力。从狭义否定意见(*Opinion*)与广义否定意见(*Negative*)的相关系数为0.0069,说明在广义否定意见中绝大多数的意见都非明确反对而更多的是一种质疑。有意思的是行动类型(*ActType*)与狭义否定意见(*Opinion*)和广义否定意见(*Negative*)的相关系数分别为-0.0025和0.2439,这表明独立董事明确反对大股东和实际控制人时更多的是采取单独行动而出具广义否定意见时更多的是采取集体行动。

表3-3　主要变量之间的相关系数矩阵(1)

变量名称	狭义否定意见	广义否定意见	行动类型	董事会规模	独立董事比率	高管薪酬
狭义否定意见	1	—	—	—	—	—
广义否定意见	0.0069	1	—	—	—	—
行动类型	-0.0025	0.2439	1	—	—	—
董事会规模	-0.0285	-0.0011	-0.0051	1	—	—
独立董事比率	-0.0241	-0.0142	-0.0288	-0.3861	1	—
高管薪酬	-0.0491	-0.0507	0.0493	0.2225	0.0372	1
委员会数量	-0.044	-0.0074	-0.0728	-0.0043	0.085	0.1336
社会关联	-0.0289	-0.0112	-0.0132	-0.0218	0.0181	0.0224
股权结构	-0.0662	-0.0228	-0.01	0.0167	-0.0454	-0.0318
成长性	0.0174	0.0499	-0.0066	-0.1394	0.0421	-0.1895
总资产规模	-0.0448	-0.0499	-0.0408	0.2379	0.0163	0.5654
负债水平	0.009	0.0053	0.0215	0.0509	-0.0069	0.0388
盈利水平	-0.0627	-0.002	-0.0238	0.0622	-0.0399	0.2361

　　由表3-4可知,公司特征的控制变量相互之间的相关系数较

低,相关系数基本上低于0.4,这说明上述公司特征控制变量独立性较高和具有较强的解释能力。

表3-4 主要变量之间的相关系数矩阵(2)

变量名称	委员会数量 e	社会关联	股权结构	成长性	总资产规模	负债水平	总资产报酬率
委员会数量	1	—	—	—	—	—	—
社会关联	0.0206	1	—	—	—	—	—
股权结构	−0.0992	0.0553	1	—	—	—	—
成长性	0.0497	−0.0467	−0.0998	1	—	—	—
总资产规模	0.1224	−0.0173	0.1691	−0.4116	1	—	—
负债水平	−0.0224	0.0466	0.0045	−0.3191	0.268	1	—
盈利水平	−0.0007	−0.0344	0.1249	0.1336	0.1127	−0.228	1

四、各类型违规年度变化

违规包括信息披露违规和非信息披露违规,其中非信息披露违规包括经营违规和领导违规。为了分析违规对出具否定意见影响,应对各类违规多少和年度变化规律有所了解。图3-1报告了2005年到2014年各类型违规数量的年度变化情况。从图3-1中可知,信息披露违规处罚数量远远超过经营违规处罚和领导违规处罚,信息披露违规处罚年均115.1起,而经营违规处罚和领导违规处罚和为年均37.2起,远远低于信息披露违规处罚。信息披露违规处罚2011年最多达149起,然后逐渐下降到2014年的83起,表示我国上市公司信息披露不断完善和规范。经营违规处罚出现逐渐下降趋势,由2005年的40起下降为2013年的6起。领导人违规处罚在2010年左右发生较多,其他年份效应相对较少。

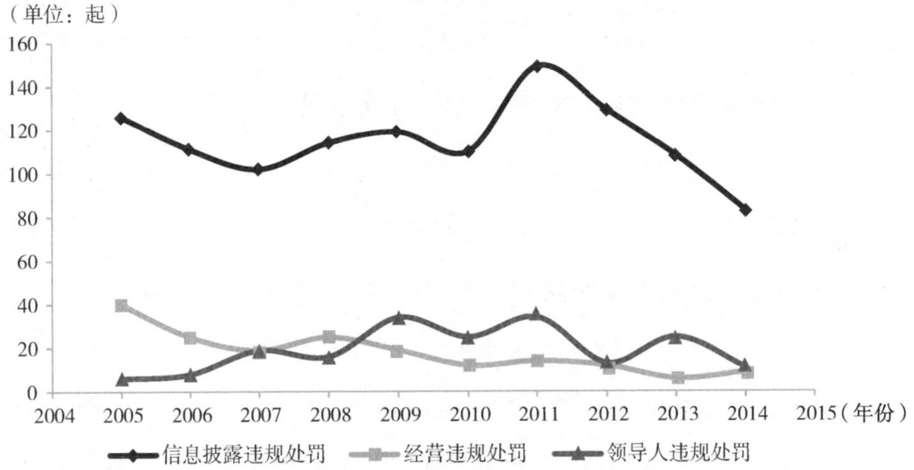

（单位：起）

图 3-1　2004—2015 年各类违规年度分布

第三节　独立董事出具否定意见与
公司违规关系的实证分析

一、公司违规与独立董事否定意见的实证结果

对于公司违规与独立董事否定意见关系，将从定性和定量两方面进行分析。

首先，对违规与否定意见关系采用式（3-1）运用 Logit 方法进行定性分析，也就是公司有违规发生时，独立董事是否出具否定意见对其进行监督和抑制。现有研究违规文献大多从定性角度进行分析（单华军，2010；陈工孟、高宁，2005；李培功、沈艺峰，2010），为了与现有文献保持可比性，本章首先对违规与否定意见进行定性考察，分析了违规发生时独立董事出具否定意见概率情况。

其次，通过定性分析可以获得违规与否定意见之间基本关系，但是难以具体考察违规次数与否定意见数量之间具体关系。因此,采用式(3-2)运用 OLS 和 Order-Logit 方法分析违规发生次数对否定意见数量影响。本部分采用的基本计量模型如下:

$$Negative_{it} = \alpha + \beta_1 \times Violate_{it} + \gamma \times Act_{it} + \theta \times Control_{it} + \varepsilon_{it}$$

$$(3-1)$$

$$Negative\_No_{it} = \alpha + \beta_1 \times Violate\_No_{it} + \gamma \times Act_{it} + \theta \times$$
$$Control_{it} + \varepsilon_{it} \qquad (3-2)$$

其中,$Negative_{it}$表示是否出具否定意见、$Negative\_No_{it}$表示出具否定意见次数、$Violate_{it}$表示是否违规,$Violate\_No_{it}$表示违规的年度违规数量、Act_{it}表示是否单独出具否定意见和 $Control_{it}$ 表示所有的控制变量,同时控制年度和行业效应。

表 3-5　违规处罚与否定意见

变量名称	模型 1 Logit	模型 2 OLS	模型 3 Order-logit
	广义否定意见	否定意见数量	否定意见数量
是否违规	0.369***	—	—
	(3.42)	—	—
违规次数	—	0.00815*	0.198*
	—	(1.66)	(1.93)
行动类型	−3.307***	−2.734***	−4.633***
	(−19.71)	(−36.76)	(−11.85)
兼任	0.112	5.44e−03	0.741*
	(0.99)	(0.38)	(1.82)
董事会规模	−0.111***	9.04e−04	−4.37e−04
	(−3.25)	(0.23)	(−0.00)
独立董事比率	−1.988	0.0111	−2.307
	(−1.48)	(0.08)	(−0.41)
高管薪酬	0.000755**	5.49e−05*	2.22e−03**
	(2.53)	(1.91)	(1.97)

续表

变量名称	模型 1 Logit	模型 2 OLS	模型 3 Order-logit
	广义否定意见	否定意见数量	否定意见数量
委员会数量	0.577***	0.0166*	0.471**
	(8.45)	(1.91)	(2.02)
社会关联	0.173*	−5.54e-03	0.0140
	(1.85)	(−0.53)	(0.04)
股权结构	−0.0103***	−1.50e-04	2.62e-03
	(−2.91)	(−0.39)	(0.20)
成长性	0.579***	−1.30e-03	−0.178
	(13.41)	(−0.24)	(−0.84)
总资产规模	−2.08-e4	1.32e-04	−3.41e-03
	(−0.10)	(0.74)	(−0.45)
负债水平	0.941***	−0.0162	−0.132
	(3.79)	(−0.56)	(−0.14)
盈利水平	0.668	−0.549***	−17.78**
	(0.40)	(−2.78)	(−2.42)
行业效应	是	是	是
年份效应	是	是	是
常数项	1009.9***	23.72***	—
	(22.01)	(5.56)	—
调整 R^2/伪 R^2	0.2096	0.0431	0.3211
样本数量	43512	31602	31602

注：*、**、***分别表示在10%、5%、1%的水平下显著。

由表3-5的模型1定性分析可知,公司违规时,独立董事出具否定意见概率在1%水平上显著增加,这与假设1保持一致。同时,在控制变量中,独立董事倾向采取单独出具否定意见,董事会规模大、第一大股东持股比例高的公司出具否定意见概率较低,而独立董事薪酬高、专业委员会数量多、成长性强和债务水平高的公司出具否定意见概率高。

由表3-5的模型2和模型3可知,违规频繁时,独立董事出具否定意见数量显著增加,表明违规能够显著增加独立董事出具否定意见概率。同时,在控制变量中,独立董事依然倾向采取单独出具否定意见,薪酬水平高、专业委员会数量多和盈利水平不佳的公司更容易出现否定意见。

二、"非标"意见与独立董事否定意见的实证结果

考察完公司违规对独立董事出具否定意见影响后,我们分析第三方会计师事务所审计中出具的"非标"意见①对独立董事出具否定意见影响。违规处罚从监管层面对公司违规行为的体现,而出具"非标"意见则是市场第三方对公司违规行为的揭示。2005年到2014年,会计师事务所对上市公司出具审计意见20830次,其中"非标"意见为1262次。本部分采用的基本计量模型如下:

$$Opinion_{it} = \alpha + \beta_1 \times Modified_{it} + \gamma \times Act_{it} + \theta \times Control_{it} + \varepsilon_{it}$$

$$(3-3)$$

$$Negative_{it} = \alpha + \beta_1 \times Modified_{it} + \gamma \times Act_{it} + \theta \times Control_{it} + \varepsilon_{it}$$

$$(3-4)$$

其中,$Opinion_{it}$、$Negative_{it}$和$Modified_{it}$分别表示狭义否定意见、广义否定意见和"非标"意见,其他变量含义与式(3-1)和式(3-2)相同。

下面将从广义否定意见和狭义否定意见两方面,分析"非标"意见对独立董事出具否定意见的影响。其中,模型1和模型2是对狭义否定意见的回归结果,而模型3和模型4是对广义否定意

① 会计师事务所审计意见包括标准无保留意见和非标准无保留意见,其中非标准无保留意见即为"非标"意见,包括带强调事项段的无保留意见、保留意见、否定意见和无法发表意见。

见的回归结果。

表 3-6　"非标"意见与否定意见

变量名称	模型 1	模型 2	模型 3	模型 4
	狭义否定意见	狭义否定意见	广义否定意见	广义否定意见
"非标"意见	2.216***	0.645*	1.957***	0.928***
	(9.29)	(1.72)	(14.77)	(4.19)
行动类型	—	-4.795***	—	-5.276***
	—	(-12.93)	—	(-25.66)
控制	否	是	否	是
常数项	-7.119***	257.6**	-5.777***	404.3***
	(-43.86)	(1.92)	(-69.46)	(5.65)
行业效应	否	是	否	是
年份效应	否	是	否	是
伪 R^2	0.0652	0.3808	0.0563	0.4188
样本数量	43512	43512	43512	43512

注：*、**、***分别表示在 10%、5%、1%的水平下显著。

由表 3-6 中模型 1 可知，当会计师事务所出具"非标"意见时，独立董事出具狭义否定意见概率在 1%水平显著增加；当模型 2 增加行动类型、公司层面控制变量和控制行业效应与年份效应后，出具"非标"意见时，独立董事出具否定意见概率在 10%水平上显著增加，独立董事以单独行动出具否定意见为主。所以在控制独立董事出具意见行动类型、公司层面因素、行业效应和年度因素后，当会计师事务所出具"非标"意见时，独立董事出具否定意见概率显著增加，这与假设 2 保持一致。当市场第三方会计师事务所发现公司存在问题时，独立董事将更加关注公司存在问题和出具否定意见，体现出独立董事出具否定意见具有一定的"附和"效应。

由于受到儒家"中庸"思想、"一股独大"的股权结构等影响，我国上市公司独立董事出具否定意见较少，出具"反对"和"提出异议"意见激烈对抗更为罕见，所以下面将检验"非标"意见对广义否定意见的影响。从表3-6的模型3可以看出，当会计师事务所出具"非标"意见时，独立董事出具否定意见概率在1%水平上显著增加；模型4控制行动类型、公司层面因素、行业效应和年份效应后，会计师事务所出具"非标"意见时，独立董事出具否定意见概率在1%水平上显著增加，这与前面的狭义否定意见的研究结论一致。

从上面的分析可以看出，当市场第三方会计师事务所出具否定意见时，独立董事往往能够积极履行监督职能，发现和正视公司存在问题，出具否定意见概率大大增加。在会计师事务所已经揭示公司存在问题和市场已经获悉相关信息后，独立董事若默认或纵容公司违规或侵害中小股东行为发生，必将更容易被发现和受到监管机构惩罚，所以独立董事出具否定意见概率显著上升。这在一定程度上反映出独立董事主动履行监督职能保护中小股东利益似乎动力不足，但当第三方提出问题和质疑时，独立董事监督职能能够得到较好履行。

三、违规公告前后否定意见变化分析

从公司违规和"非标"意见两方面进行分析，发现当公司违规或被出具"非标"意见时，独立董事出具否定意见的概率显著增加，这意味着独立董事能够起到较好监督作用。那么，这些监督作用是独立董事积极主动监督结果呢？还是被动监督和规避风险的行为呢？接下来将检验公告前后独立董事对违规行为监督是否存在差

异。如果违规发生但是没有被发现和公告违规处罚时,独立董事出具否定意见能够有效抑制违规事件,起到主动监督功能;相反,如果违规处罚公告之后独立董事出具否定意见,那么可能有消极监督之嫌。下面检验将分为简略的均值差异检验和细致的回归分析。

(一)违规公告前后否定意见均值差异检验

为了系统分析独立董事对违规事件的监督作用,本章将通过对违规处罚公告公布前后独立董事出具否定意见差异进行检验。由于违规大多发生在违规处罚公告前三年内和独立董事每届三年任期制,所以选择违规公告前后三年作为比较期间。为了规避违规发生到违规公告时间不同造成的影响,采取公告前后三年的均值进行比较。

表 3-7　公告前后三年均值差异检验

变量	公告前		公告后		均值差异
	均值	标准差	均值	标准差	
广义否定意见	0.1595	0.2776	0.4399	0.2063	−0.2805***

注:***表示在1%的水平下显著。

从表3-7可以看出,公告前三年的年均独立董事出具否定意见的比例为0.1595,而公告后三年的年均独立董事出具否定意见的比例上升为0.4399,二者差异为−0.2805且在1%水平上显著。另外,不但公告后独立董事出具否定意见比例上升而且各公司出具否定意见的波动降低(由0.2776下降为0.2063)。由上面分析可知,独立董事更倾向于公告后出具否定意见,更多地体现为规避风险的自保之举,主动监督效果不理想。

（二）违规公告前后对否定意见的回归分析

以上分析部分运用均值差异检验方法分析了违规公告前后出具否定意见的差异,结果发现独立董事更倾向于违规公告之后出具否定意见。但是,上述结果没有考虑独立董事行动类型、公司层面因素、行业效应和年份效应的影响,所以结果可能存在一定偏差。为了减少上述偏差,下面将对违规公告前后的否定意见进行对比分析。本部分采用的基本计量模型如下:

$$After\_N_{it}/Befor-N_{it} = \alpha + \beta_1 \times Violate_{it} + \gamma \times Act_{it} + \theta \times$$
$$Control_{it} + \varepsilon_{it} \qquad (3-5)$$

其中,$After\_N_{it}$表示违规处罚公告后三年平均否定意见数量、$Befor-N_{it}$表示违规处罚公告前三年平均否定意见数量,其他变量含义同式(3-1)和式(3-2)。

表 3-8　违规公告前后的否定意见

变量名称	模型 1 OLS	模型 2 OLS
	公告前否定意见	公告后否定意见
违规	0.238***	0.331***
	(11.98)	(12.08)
行动类型	−0.0640**	−0.0260
	(−2.52)	(−0.74)
控制	是	是
行业效应	是	是
年份效应	是	是
常数项	49.93***	49.55***
	(4.52)	(3.25)
伪 R^2/调整 R^2	0.2743	0.2881
样本数量	553	553

由表3-8可知,违规使公告前后的出具否定意见概率都在1%水平显著增加,但是对比模型1和模型2的违规(Violate)系数发现公告公布后独立董事出具否定意见概率更高(由0.238变为0.331)。所以控制独立董事行动类型、公司层面因素、行业效应和年份效应后,独立董事倾向公告后出具否定意见,说明监督行为更多出于规避风险的自保自举,主动监督效果不理想。

四、"逆淘汰"公司的违规对独立董事否定意见的实证分析

发生过"逆淘汰"的公司一般存在较大公司治理问题,勤勉履职监督职责的独立董事遭到"离职"或无法连任而淘汰(唐雪松等,2010;郑志刚等,2016)。当存在"逆淘汰"公司发生违规时,独立董事一方面可能考虑到"逆淘汰"可能造成财富和声誉损失而不愿出具否定意见;另一方面"逆淘汰"公司发生违规说明该公司存在重大问题,如果默许或纵容将面临"东窗事发"后带来的极大法律风险和声誉损失。在发生"逆淘汰"的公司,独立董事是否愿意和勇于出具否定意见抑制违规行为。本部分采用的基本计量模型如下:

$$Negative_{it} = \alpha + \beta \times Adverse_{it} + \chi \times Violate_{it} + \delta \times Adverse_{it} \times$$

$$Violate_{it} + \gamma \times Act_{it} + \theta \times Control_{it} + \varepsilon_{it} \qquad (3-6)$$

其中,$Adverse_{it}$ 表示公司是否发生过"逆淘汰",$Adverse_{it} \times Violate_{it}$ 表示"逆淘汰"与违规的交乘项,其他变量含义与式(3-1)和式(3-2)相同。

表 3-9 "逆淘汰"效应下违规对否定意见的回归结果

变量名称	模型 1	模型 2
	广义否定意见	广义否定意见
"逆淘汰"	1.309***	1.447***
	(9.79)	(9.38)
违规	—	0.543***
	—	(4.62)
"逆淘汰"与违规的交乘项	—	−0.807**
	—	(−2.49)
行动类型	—	−3.398***
	—	(−19.30)
控制	是	是
常数项	1076.5***	1059.2***
	(23.03)	(21.96)
行业效应	是	是
年份效应	是	是
伪 R^2	0.1706	0.2514
样本数量	42151	42151

注:**、***分别表示在 5%、1% 的水平下显著。

表 3-9 的回归是采用 Logit 方法,分析在控制其他因素时"逆淘汰"、违规及二者交乘项对出具否定意见影响。据表 3-9 的模型 1 可知,"逆淘汰"公司出具否定意见显著高于没有发生过"逆淘汰"司。由于这里"逆淘汰"是指独立董事出具否定意见而离职或无法连任,所以发生"逆淘汰"的公司一定出具过否定意见。同时,在所有上市公司中仅有不到 4% 的公司发生否定意见,所以相对其他公司而言"逆淘汰"公司出具否定意见的概率更高。

由表 3-9 的模型 2 可知,"逆淘汰"主效应系数增加为 1.447

且在1%水平上显著,违规主效应在1%显著性水平显著为正,"逆淘汰"与违规交乘项系数为-0.807且在5%显著性水平显著。这表明"逆淘汰"公司发生违规时,独立董事为了规避"逆淘汰"而不愿意出具否定意见,所以在现有公司治理机制下独立董事监督职能难以很好发挥监督职能。"逆淘汰"公司相对其他公司而言公司治理较差和经营业绩不佳(叶康涛等,2011),所以独立董事出具否定意见概率较高。在独立董事对"逆淘汰"公司违规行为不倾向出具否定意见情况下,"逆淘汰"公司被出具否定意见依然较高,表明由于其存在严重公司治理、企业经营等方面问题,独立董事为了规避法律风险而不得不出具否定意见。

第四节　不同类型违规、非当年违规处罚与否定意见的稳健性检验

一、不同类型违规与否定意见

对于不同的违规类型,独立董事监督的难度是有差异的。比如比较频繁的信息披露违规,由于信息获取难度与独立董事的时间精力问题,往往很难对信息披露尤其是临时的信息披露中问题很好起到监督作用。另外,领导人违规中的内幕交易、违法违规买卖股票和操纵股价等事项,独立董事的监督有时也力不从心。为了克服由于不同违规类型样本的偏差造成的内生性,下面将对不同违规类型分别考察。

根据中国证监会以及国泰安数据库的公司违规分类,将违规

分为信息披露违规和非信息披露违规两大类。信息披露违规包括
7 个违规次类,非信息披露违规分为经营违规和领导人违规①(万
良勇等,2014)。

表 3-10 细分违规回归结果

变量名称	模型 1	模型 2	模型 3	模型 4	模型 5
	广义否定意见	广义否定意见	广义否定意见	广义否定意见	广义否定意见
信息披露违规	2.238***	—	—	1.459***	—
	(7.83)	—	—	(3.48)	—
经营违规	—	3.154***	—	—	2.750***
	—	(8.27)	—	—	(4.85)
领导违规	—	—	1.850**		
	—	—	(2.57)		
控制	否	否	否	是	是
行业效应	否	否	否	是	是
年份效应	否	否	否	是	是
常数项	−6.659***	−6.547***	−6.455***	576.5***	572.7***
	(−48.90)	(−51.51)	(−53.19)	(4.51)	(4.45)
伪 R^2	0.0380	0.0327	0.0038	0.3515	0.3606
样本数量	43512	43512	43512	34137	34137

注:领导者违规变量增加其他控制变量后无法回归,所以在此没有显示;**、***分别表示在5%、1%的
水平下显著。

表 3-10 中各模型均采用 Logit 方法回归,模型 1、模型 2 和模型
3 是没有控制行动类型、公司层面因素、行业效应和年份效应后的
信息披露违规、经营违规和领导违规对否定意见影响的基本回归结
果;模型 4 和模型 5 是在控制上述因素后信息披露违规、经营违规
对否定意见影响的回归结果。从回归结果看,对各类违规类型出具

---

① 具体分类内容参见万良勇、邓路、郑小玲:《网络位置、独立董事治理与公司违规——基
于部分可观测 Bivariate Probit 模型》,《系统工程理论与实践》2014 年第 12 期。

否定意见概率显著为正，表明能够对违规行为起到一定监督作用，这与假设1是一致的。进一步比较各违规类型发现，独立董事对经营违规出具否定意见概率最高(3.154)，信息披露违规出具否定意见概率次之(2.238)而对领导违规出具否定意见概率最低(1.850)。由于不同违规类型独立董事发现难度与信息不对称程度相关(R.Duchin,J.G.Matsusaka,O.Ozbas,2013)，所以对不同违规出具否定意见概率不同。例如，领导违规中的内幕交易、违规买卖和操作股价，独立董事难以获得相关信息和起到良好监督作用。

二、非当年违规处罚与否定意见

在前文分析了违规公告前后三年否定意见情况，对实际违规和违规处罚进行比较分析，但是对于当年违规并受到处罚的样本无法有效进行识别，而当违规当年受到处罚样本约25%，所以将造成样本偏差的内生性问题。为此，把违规与违规处罚为同年度的样本删除，重新考察上述问题。模型1表示违规对独立董事出具广义否定意见影响；模型2表示违规对独立董事出具狭义否定意见影响；模型3表示信息披露违规对独立董事出具广义否定意见影响；模型4表示经营违规对于独立董事出具广义否定意见影响。

表3-11 非当年度处罚违规与独立董事否定意见回归结果

变量名称	模型1	模型2	模型3	模型4
	广义否定意见	狭义否定意见	广义否定意见	广义否定意见
违规	1.210***	1.552**	—	—
	(2.65)	(2.26)	—	—

续表

变量名称	模型1	模型2	模型3	模型4
	广义否定意见	狭义否定意见	广义否定意见	广义否定意见
信息披露违规	—	—	1.283***	—
	—	—	(2.68)	—
经营违规	—	—	—	2.756***
	—	—	—	(4.29)
行动类型	-4.973***	-4.753***	-4.973***	-5.130***
	(-12.61)	(-6.43)	(-12.66)	(-12.72)
行业效应	是	是	是	是
年份效应	是	是	是	是
常数项	310.2**	318.7	324.0**	325.2**
	(1.99)	(1.17)	(2.08)	(2.07)
伪 R^2	0.3235	0.3101	0.3236	0.3356
样本数量	21005	21005	21005	21005

注:由于领导违规与出具否定意见高度相关无法进行回归分析;**、***分别表示在5%、1%的水平下显著。

由表3-11的模型1和模型2可知,非当年度处罚违规时,独立董事出具广义否定意见概率在1%水平显著增加,独立董事出具狭义否定意见概率在5%水平显著增加,也就是在非当年度违规处罚样本中,独立董事对违规出具否定意见概率显著增加,能够起到一定监督作用。由表3-11的模型3和模型4可知,非当年度违规处罚样本中,信息披露违规和经营违规时,独立董事出具广义否定意见概率在1%水平显著增加。这与假设1是一致的。

独立董事监督是保障公司治理高效运行的重要组成部分。本章使用强制披露的董事会投票数据,考察公司违规和公司潜在违规("非标"意见)时,独立董事是否更加关注和增强监督,出具否定意见概率是否更高;进一步分析,在实际违规和违规处罚公告的不同时刻,检验独立董事是否能够勤勉监督;并分析了"逆淘汰"公司违规时,独立董事如何进行监督,揭示违规情景下独立董事监督行为,打开监督的"黑匣子"。

本章的主要结论是,第一,公司违规发生将使得独立董事出具否定意见概率显著增加,违规次数增加时,否定意见数量增加。也就是违规发生即使还没有被处罚,独立董事能够出具否定意见抑制可能带来的负面影响,能够起到一定监督作用。这与唐雪松等(2013)的研究结果保持一致。虽然我国上市独立董事的监督效果不甚理想,但是仍然发挥一定监督作用。若没有独立董事监督,我国上市公司治理要比现在更差。

第二,被会计师事务所出具"非标"意见后,独立董事出具否定意见概率显著增加。当潜在违规行为——被出具"非标"意见后,独立董事更关注和重视公司存在问题,从而出具否定意见纠正和解决相应问题。当有市场第三方指出公司存在问题时,这时监管方和其他市场主体已经获悉相关信息,独立董事就不能纵容违规发生(邓可斌、周小丹,2012),而是出具否定意见向市场传递积极信号。虽然独立董事势单力薄,但是当有第三方力量进行监督时,独立董事监督效果更好,监督作用更强。

第三,尽管独立董事能够起到一定的监督作用,但是主动监督不足,更可能是消极被动之举。通过比较违规处罚公告前后三年否定意见均值,分析实际违规发生与违规处罚公告时,独立董事监督行为差异。通过否定意见均值差异检验和违规公告前后对否定意见影响的回归分析,发现独立董事更倾向违规公告之后出具否定意见,而实际违规时否定意见数量相对较少,从而证实独立董事能够起到一定监督作用,但是更可能是消极被动的自保之举。

第四,"逆淘汰"公司违规时,独立董事倾向不出具否定意见。虽然独立董事通过出具否定意见对违规事件进行抑制和揭发,但是面临明确被淘汰风险时,独立董事倾向不出具否定意见。也就是当公司治理很差时,独立董事不能够勇于承担监督职责而更多选择对违规事件默认。所以当存在"逆淘汰"效应时,独立董事监督作用将大打折扣。

第四章　独立董事否定意见与换届未连任

以来自"外部的""独立的"为特征的独立董事制度被认为是解决现代公司代理问题的重要治理机制之一（Fama 和 Jensen，1983）。然而，长期以来，由于数据可获得性等原因，缺乏独立董事实际监督过程的直接证据。以往文献大多采用独立董事占董事会人数的比例与企业绩效的关系来间接考察和评价独立董事作为公司治理机制的有效性。而以业绩或其他事项等指标的间接考察，由于逻辑跳跃过大以及内生性等问题往往造成分析结果存在偏差（Pettigrew，1992）。因而独立董事的实际监督过程对公司治理理论和实务而言仍然是一个巨大的"黑匣子"。

我国上市公司披露的独立董事对董事会议案意见发表的独特数据为打开上述"黑匣子"提供了可能。从 2004 年 12 月开始，我国上海证券交易所、深圳证券交易所要求上市公司披露独立董事针对董事会议案发表的具体意见，包括议案内容、董事会表决结果、投反对票或弃权票的董事姓名和理由等信息。现有文献对独立董事投票问题主要聚焦于为什么投反对票和投反对票的经济后果（离职、市场反应和利益相关者反应）是什么（唐雪松等，2010；

J. Ma 和 T. Khanna,2015;Jiang 等,2016),而罕见文献对如何投反对票和对独立董事经济后果的影响进行分析。而对董事会议案说"不"本身是独立董事履行监督职能的一种真实、直接而重要的表现(唐雪松等,2010),通过研究独立董事如何对董事会议案提出否定意见,我们可以直接观察独立董事在公司决策形成中的参与情况(叶康涛等,2011)。

那么,如何来选择更加直接的经济后果来评价独立董事对董事会议案说"不"这一具体机制的有效性?以往的文献研究表明,在"任人唯亲"的董事会文化下,独立董事会支持向高管发放超额薪酬(郑志刚等,2012);在我国上市公司,出具否定意见的独立董事在 1 年内离职的概率显著高于未曾出具否定意见的独立董事(唐雪松等,2010)。但 1 年内的离职是由于独立董事出具否定意见遭受逆淘汰,还是由于独立董事任期届满正常的换届,从以往的研究中我们不得而知。

虽然与付出相比回报尚可的薪酬和良好声誉使独立董事往往有激励长期担任独立董事,但是按照证监会的相关要求,第一任期结束时,连选可以连任,但是连任时间不能超过 6 年。所以,第一任期将要结束时和第二任期开始前,独立董事面临连任问题。而连任的预期将反过来影响独立董事在任期第一阶段的履职行为。因此,我们可以选择是否在第一任期结束后获得连任这一新的视角来评价独立董事出具否定意见"这一独立董事履行监督职能的真实、直接而重要的表现"的经济后果。

围绕独立董事第一任期届满后是否获得连任主要回答以下问题。第一,什么类型的否定意见更容易导致独立董事在任期届满后获得连任的可能性降低?第二,独立董事对什么类型的议案出具否定意见更容易导致在任期届满后获得连任的可能性降低？第三,独立董事集体还是独自出具否定意见更容易导致在任期届满后获得连任的可能性降低？本章的研究证实在各种异议的意见中,出具明确反对意见显著降低独立董事连任概率。

独立董事对不同董事会议案事项出具否定意见对连任影响是不同的;独立董事集体出具否定意见与单独个人出具否定意见相比,对独立董事是否连任的影响大为降低。所以,在我国上市公司实际运行中,出具否定意见的方式有时比否定意见本身更重要,即便同为提出异议,若涉及的董事会议案事项不同,对独立董事连任的影响也不同。

本章从以下几个方面构成了对公司治理文献新的贡献。第一,不同于以往文献从支持高管获得超额薪酬、出具否定意见的独立董事在1年内离职情况、出具否定意见的独立董事在第一个任期内离职(Jiang 等,2016)等视角考察独立董事行为的经济后果,本章实证考察了独立董事出具否定意见对独立董事第一任期届满后是否获得连任的影响,从新的角度为我国上市公司独立董事更迭中存在"逆淘汰"机制和"任人唯亲"的董事会文化提供了新的证据,构成了对以往文献新的补充和扩展。

第二,本章考察了出具否定意见对独立董事未来连任的一般效应后,进一步考察了非赞成意见的具体类型对独立董事第一任期结束后连任的影响。在唐雪松等(2010)的研究中,将除了"赞成"或"其他"类型的投票意见定义为否定意见,进而考察了独立董事出具否定意见是否将提高1年内离职的概率。实际上,在我国上市公司的公司治理中独立董事对董事会议案发表的实际意见类型则包括"赞成""反对""弃权""保留意见""无法发表意见"

"提出异议"和"其他"等多种。而叶康涛等（2011）基于广济药业的案例分析指出，独立董事出具类型为"其他"的独立意见也带有明显的否定意味。因而，我们需要进一步考察非赞成意见的具体类型对独立董事连任的影响。本章以第一任期届满后独立董事是否获得连任为评价标准，首次实证考察了非赞成意见的具体类型的经济后果，为非赞成意见的具体类型的相关效应存在差异提供了较早的证据。

第三，本章实证董事会议案事项的否定意见对连任影响。独立董事发表意见的事项可以分为人事变动、高管薪酬、年度报告（财务报告、利润分配、报告修改补充等）、关联交易、担保事项、投资收购、审计事项、股权变动、募集资金、资产变动和其他事项等不同董事会议案事项所涉及的对公司实际内部控制人的影响程度不同。因而虽然同样发表的是否定性意见，但由于议案事项的不同，而导致独立董事未来连任可能性同样存在差异。毕竟这些内部控制人将对独立董事未来连任产生举足轻重的影响。例如，由于涉及外部性等问题，监管机构往往对董事会中的关联交易事项和担保事项等提出具体监督意见，并以此作为未来公司违规后对独立董事责任认定的重要依据。那么，出于规避监管刚性约束，出具否定意见仍有可能得到大股东或实际控制人的谅解，不会对未来连任产生根本性影响；反之，如果独立董事针对大股东或实际控制人敏感的事项（涉及当事人的人事任免等），则会引起当事人的敌视和打击报复，从而将显著降低其未来连任的概率。故而，虽然同为出具否定意见，但由于董事会议案事项的不同，独立董事是否连任的结果存在差异。本章以独立董事出具否定意见与未来连任的关系为研究场景，首次实证考察了董事会议案事项的不同类型的相关效应,为董事会议案具体事项的相关效应存在差异提供了较早的证据。

第四,本章进一步考察了独立董事是否集体说"不"对其未来连任的影响。利用我国上市公司独立董事对议案发表意见的数据,我们观察到,对一些议案的否定性意见的发表是某一独立董事单独行动的结果,而有些议案否定性意见的提出则是超过一位独立董事集体行动的结果。本章的研究发现,较单独行动而言,集体行动出具否定意见将降低未来获得连任的概率。这一结果的出现,在一定程度上与独立董事集体出具否定意见,可能阻止该议案通过(如果董事会成员异议超过33%以上则一项议案无法通过),使内部实际控制人变得恼羞成怒有关。另外,独立董事集体出具否定意见显然会引起实际控制人更多的警觉和不安。利用其在独立董事连任的影响力,实际控制人使出具否定意见的独立董事在第一任期届满时离职的可能性增加。与集体行动相比,个人单独出具否定意见更多体现个人意愿,实际控制人的警觉程度和反应要淡得多。同样地,本章首次考察了独立董事是否集体说"不"的相关效应,为独立董事是否集体行动经济后果存在差异提供了较早的证据。

因而,本章从否定意见的类型、董事会议案事项和是否集体行动三个方面深入考察了独立董事对董事会议案说"不"这一直接而重要的监督行为对独立董事第一任期届满连任的经济后果,在一定程度上揭开了独立董事的实际监督过程这一"黑匣子",丰富了理论界和实务界对独立董事真实履职情况的认识。本章的研究表明,由于我国上市公司中存在独立董事更迭的"逆淘汰"机制与"任人唯亲"的董事会文化,出具明确反对意见的独立董事,反对针对内部人敏感的人事任免等事项的独立董事,以及集体说"不"的独立董事更在第一任期届满后获得连任的可能性较低,因而,独立董事并没有扮演预期的公司治理角色。本章的研究由此提醒,公司治理的理论界和实务界需要深刻反思出现上述"逆淘汰"机制的制度和文化根源,以切实提高我国上市公司独立董事制度的有效性。例如,监管当局应该为独立董事出具否定性意见的相关法律风险提供更加明确的指引,避免政策模糊地带。这将有利于独立董事更好地履行监督职能。

第一节　独立董事出具否定意见与是否获得连任的假设发展

对董事会议案出具否定意见毫无疑问是独立董事履行监督职责最真实和直接的体现。如果对董事会议案提出公开质疑,将向外界传达公司经营管理中存在严重疏漏或问题的信息。在2010年大连港的"独立董事门"事件中,独立董事 W 否决的中铁渤海铁路轮渡有限责任公司(以下简称"中铁渤海")收购事件,受到媒体的广泛关注。事件发生后公司股价应声下挫,收购项目的合理性也受到投资者的关注和质疑。

独立董事对董事会议案事项是否出具否定意见是权衡风险收益的理性选择结果。一方面,为了规避声誉损失和法律风险,独立董事有压力对公司进行监督(叶康涛等,2011)。法玛、詹森(1983)认为,独立董事自身的独立性和通常更加关注人力资本市场声誉,因此比内部董事能够更好地起到监督经理人的作用。辛清泉等(2013)利用 2003 年至 2010 年上市公司中独立董事惩罚数据研究发现,公开惩罚将提高独立董事离职可能性,同时也降低了将来在其他公司获得董事席位的可能性。根据我国现行法律和规章要求,董事会议案违反法律法规,造成严重损失时,独立董事也要担责。但若在董事会表决中表明异议且记录会议记录的,可以免责罚。在实际执行中,2016 年 7 月 24 日,证监会决定,对大智慧公司违法披露 2013 年财报信息、虚增利润等多项行为处以 60万元罚款。因为独立董事未对公司信息披露事项实施必要的、有效的监督,对公司信息披露违法行为承担责任,3 位时任独立董事均被处罚 5 万元。

　　另一方面,在上市公司任职独立董事能够获得可观薪酬和良好声誉(E.F.Fama 和 M.C.Jensen,1983)。2002 年至 20015 年在我国上市公司独立董事现金薪酬平均为 4.28 万元,中位数为 3.79万元。上市公司任职的独立董事不仅可以获得财富收入而且可以提高声誉。独立董事如果普遍希望届满时能够连任,就可能会牺牲掉其肩负的监督职责。

　　由于我国上市公司的股权相对集中,所以内部人控制公司的问题普遍存在。独立董事的聘用和薪酬取决于最终控制人的态度,因此独立董事在履职时会遭受巨大的压力。一旦独立董事出具否定意见,将给所任职公司带来巨大压力和负面效应,所以将遇到控制人的强大阻力(赵子夜,2014)。唐雪松等(2010)研究发现,相比于未说"不"的独立董事,说"不"的独立董事离任现职的可能性高出 1.36 倍。这种对履行监督职能的独立董事进行"逆淘汰"的机制和任人唯亲的董事会文化限制了独立董事公开质疑董事会议案的意愿。

我们注意到,虽然与付出相比回报尚可的薪酬和良好声誉使独立董事往往有激励长期担任独立董事,但是证监会要求,第一届任期结束时,连选可以连任,但是连任时间不能超过6年。所以,第一个任期结束后,第二任期开始前面临连任问题。而连任的预期无疑会对独立董事监督行为产生直接影响。因而,我们可以选择是否在第一任期结束后获得连任这一新的视角来评价独立董事出具否定意见"这一独立董事履行监督职能的真实、直接而重要的表现"的经济后果。

唐雪松等(2010)将除了"赞成"或"其他"的其他类型的投票意见定义为否定意见。事实上,独立董事对董事会议案发表的实际意见类型则包括"赞成""反对""弃权""保留意见""无法发表意见""提出异议""其他"。虽然叶康涛等(2011)基于广济药业的案例分析发现,独立董事出具类型为"其他"的独立意见也带有明显的否定意味,但在东方文化的熏陶下,采用委婉的表达方式更加符合严守中庸之道这一大多数独立董事愿意奉行的人生哲学。这是唐雪松等(2010)可以将除了"赞成"或"其他"的其他类型的投票意见定义为否定意见的现实原因。但如果独立董事明确对董事会议案出具否定意见,显然更容易激怒实际控制人。实际控制人将为该独立董事未来的连任设置更严重的障碍。因此,我们需要进一步考察非赞成意见的具体类型对独立董事连任的影响。基于以上分析,我们提出待检验假设1:

假设1:给定其他条件相同,独立董事出具明确否定意见,在第一任期届满时获得连任的概率将降低。

除了独立董事出具意见的类型有差异,独立董事需要发表独立意见的董事会议案事项同样存在多种类型。依据我国监管当局对事项的相关规定和常见事项类型,本章把事项分为人事变动、高管薪酬、年度报告(财务报告、利润分配、报告修改补充等)、关联交易、担保事项、投资收购、审计事项、股权变动、募集资金、资产变动和其他事项等。不同事项议案涉及的当事人不同,因而独立董事出具否定性意见遭受实际控制人的"打击报复"程度也不同。关联交易事项和担保事项是监管当局关注和对独立董事履职情况检查的重点。对于上述事项发表暧昧的意见会使独立董事自身面临处罚的风险。对于类似事项出具否定意见往往是独立董事规避法律风险考量的结果,而并非不配合,甚至故意作对。围绕上述事项出具否定意见有时会被实际控制人认为情有可原,并不会太多影响独立董事未来连任的可能性。但对于人事任免等事项涉及具体当事人,所以出具否定意见将会遭到涉事当事人的不满和打击报复。因而,独立董事围绕上述事项出具否定意见将受到当事人较为强烈的反应,表现在未来其获得连任的可能性降低。基于以上分析,我们提出待检验假设2:

假设2:给定其他条件相同,相对于其他事项,独立董事对人事任免等涉及具体当事人的事项出具否定意见将降低其第一期任期届满后获得连任的可能性。

独立董事是否连任事实上不仅与出具否定意见的类型和议案事项有关,而且与出具否定意见时其他独立董事的参与程度有关。在围绕某一特定议案事项的表决中,除了某一位独立董事单独出具否定意见,有时同时出具否定意见的独立董事不止一位。我们可以把前者视为独立董事的单独行动,而后者则是独立董事的集体行动。如果否定意见发表是独立董事个人行为,更多地体现独立董事个人判断和意愿,实际控制人的警觉程度和反应要平和得多。相比独立董事单独出具否定意见,独立董事集体出具否定意见显然会引起实际控制人更多的警觉和不安。特别是如果独立董事"集体行动"出具否定意见,一旦持异议董事会成员超过33%,将会使一项议案流产。这往往会激怒实际控制人,甚至变得恼羞成怒。实际控制人利用其在独立董事连任的影响力,将使出具否定意见的独立董事未来获得连任的可能性显著降低。基于以上分析,我们提出待检验假设3:

假设3:给定其他条件相同,独立董事"集体行动"出具否定意见将降低其第一任期届满后获得连任的可能性。

第二节　独立董事出具否定意见与是否获得连任的样本数据和统计描述

一、样本选择和变量说明

本章数据主要来自 CSMAR 数据库。2004 年证券交易所才强制要求上市公司披露独立董事的意见类型和投票情况,我们的样本期限因此从 2005 年开始;本书关注出具否定意见这一独立董事履行监督职能的真实、直接而重要的表现的经济后果,我们参照唐雪松等(2010)、叶康涛等(2011)等,剔除了上市以来从来没有出现过否定意见的样本公司;本章关注的连任问题只有在独立董事第一任期结束后,第二任期开始前才会面临,而连任是否成功则主要受第一任期是否出具否定性意见的影响。因此,我们剔除了在第二任期的相关观察值,使本章的研究集中到在第一任期出具否定意见对第一任期结束后连任的影响的考察;新近上市的公司不涉及独立董事连任问题。出于以上考虑,在剔除缺失数据样本后,本章最终以 2005 年至 2014 年 A 股的 1345 个独立董事—公司—年份效应的观察值为研究对象。其中,独立董事背景、是否连任、出具否定意见的具体类型、董事会议案的具体类型等数据均从公司年报或巨潮资讯网①手工采集而成。为降低异常值的可能影响,我们对所有连续变量在 1% 和 99% 的水平上进行 Winsorize 处理。

本章研究独立董事出具否定意见对其第一任期届满连任的影响。因此,我们以独立董事在第一任期届满是否连任作为主要被解释变量(*Reelection*),主要解释变量为否定意见的具体类型、议案类型以及是否集体出具否定性意见等。其中,围绕独立董事出具否定意见,我们首先考察否定性意见的一般效应,并与以往文献进行了比较对照。借鉴叶康涛等(2011)的研究,我们把除赞成之外的所有意见类型归为广义否定意见(*Negative*)。在此基础上,我们进一步分别考察否定意见的具体类型对连任的影响。按照相关法规和公司治理实践,独立董事对董事会议案发表的意见类型可以区分为"赞成"、"反对"(*Counterview*)、"提出异议"(*Demur*)、"弃权"(*Abstention*)、"保留意见"(*Qualified_opinion*)、"无法发表意见"(*Disclaimer of opinion*)和"其他意见"(*Others*)。我们用虚拟变量来考察否定意见的具体类型对独立董事连任的影响,如果发生该类类型为 1,否则为 0。

独立董事需要发表独立意见的董事会议案事项同样存在多种类型。依据我国监管当局对事项规定和常见事项类型,本章把事

---

① 资料来源:http://www.cninfo.com.cn/cninfo-new/index。

项分为董事高管人事变动事项（CEO_Turnover）、董事高管薪酬事项（Executive_Compensation）、年度报告事项（财务报告、利润分配、报告修改补充等）（Annual_reports）、关联交易事项（Connceted_transaction）、担保事项（Loan_Guarantee）、投资收购事项（Investment_acquisition）、审计事项（Audit）、股权变动事项（Equity_change）、资金募集事项（Funds_raised）、资产变动事项（Assets_change）和其他事项等。由于涉及股权分置改革事项的否定意见仅为 3 次，而且是在特定历史阶段发生的，参考以往文献，我们将其归为其他事项。我们同样用虚拟变量来考察董事会议案的具体事项对出具否定性意见与独立董事连任关系的影响。

在上市公司围绕某一特定事项的表决中，除了某一位独立董事单独出具否定意见，有时同时出具否定意见的独立董事不止一位。我们把两位（含以上）独立董事同时出具否定意见定义为独立董事的集体行动（Collective_act），否则为独立董事的单独行动。

为了控制公司特征、独立董事特征等对独立董事连任的影响，借鉴唐雪松等（2010）、叶康涛等（2011）和刘诚等（2012）等，本章同时控制了反映公司特征和独立董事特征的变量。其中，独立董事特征变量为：独立董事是否为政府背景、独立董事是否为财务背景、独立董事是否为法律背景、独立董事性别、年龄和兼职情况等独立董事特征变量；公司特征变量为：收益率、债务率、公司性质、独立董事比率和董事长是否兼任总经理；同时还控制行业效应和年份效应变量。具体的变量定义见表4-1。

表4-1 主要变量定义

变量	变量代码	定义
Panel A:核心研究变量		
连任	*Reelection*	虚拟变量,连任为1,否则为0
广义否定意见	*Negative*	虚拟变量,除赞成之外的各种异议类型为1,赞成为0
反对意见	*Counterview*	虚拟变量,反对意见为1,否则为0
保留意见	*Qualified_opinion*	虚拟变量,保留意见为1,否则为0
无法发表意见	*Disclaimer of opinion*	虚拟变量,无法发表意见为1,否则为0
弃权	*Abstention*	虚拟变量,弃权为1,否则为0
提出异议	*Demur*	虚拟变量,提出异议为1,否则为0
人事变动	*CEO_Turnover*	虚拟变量,人事变动为1,否则为0
高管薪酬	*Executive_compensation*	虚拟变量,高管薪酬为1,否则为0
年度报告	*Annual_reports*	虚拟变量,年度报告为1,否则为0
关联交易	*Connceted_transaction*	虚拟变量,关联交易为1,否则为0
担保事项	*Loan_Guarantee*	虚拟变量,担保为1,否则为0
投资事项	*Investment_acquisition*	虚拟变量,投资收购为1,否则为0
审计事项	*Audit*	虚拟变量,审计为1,否则为0
股权变动	*Equity_change*	虚拟变量,股权变动为1,否则为0
资金募集	*Funds_raised*	虚拟变量,资金募集为1,否则为0
资产变动	*Assets_change*	虚拟变量,资产变动为1,否则为0
其他事项	*Other_items*	虚拟变量,其他事项和股权分置改革为1,否则为0
行动类型	*Collective_act*	虚拟变量,2人及以上同时出具否定性意见为1,否则为0
Panel B:独立董事层面控制变量		
年龄	*Age*	独立董事发表意见时年龄
性别	*Gender*	虚拟变量,男性为1,女性为0
政府背景	*Government*	虚拟变量,政府背景为1,否则为0
财务背景	*Finance*	虚拟变量,财务背景为1,否则为0
法律背景	*Law*	虚拟变量,法律背景为1,否则为0
学术背景	*Academics*	虚拟变量,学术背景为1,否则为0

续表

变量	变量代码	定义
Panel C:公司层面控制变量		
规模	*Size*	规模,总资产对数
债务水平	*Lev*	公司的债务率
盈利水平	*ROA*	公司的收益率
独立董事比率	*Independent*	独立董事比率
二职合一	*Duality*	虚拟变量,董事长与总经理同一人为1,否则为0
企业性质	*State*	虚拟变量,国有性质为1,否则为0
年份效应	年份效应	年份效应
行业效应	行业效应	行业效应

二、主要变量的描述性统计

表4-2报告主要变量的描述性统计结果。研究显示,在曾经有独立董事发表过否定意见的公司的全部董事中,并非所有的独立董事都出具否定性意见。平均而言,69.12%的独立董事曾经发表过否定性意见;其中,在具体的否定意见类型中,采用其他方式出具否定意见的比例最高为34.28%,明确表示反对的只占到11.38%。这与我们在中国文化背景下独立董事通常不会直接出具否定意见,而是采取比较委婉方式表示的印象一致。

在曾经有独立董事出具否定意见的董事会事项中,比例最多的事项为担保事项和关联交易事项,分别占到全部董事会事项类型的23.20%和16.95%。这表明独立董事很多否定意见的出具更多是为了符合监管要求,规避法律风险而采取的行动。从是否多个独立董事同时出具否定意见类型来看,绝大多数否定性意见是超过两个独立董事集体发表的,占比高达81.78%。

表 4-2 独立董事行为的统计描述

变量	观测值	均值	标准差	次数	占比(%)
连任	1345	0.7755	0.4174	1043	77.55
广义否定意见	1345	0.6912	0.4622	929	69.12
反对意见	1345	0.1138	0.3176	153	11.38
保留意见	1345	0.0528	0.2237	71	5.28
无法发表意见	1345	0.0751	0.2636	101	7.51
弃权	1345	0.0647	0.2461	87	6.47
提出异议	1345	0.0424	0.2015	57	4.24
其他事项	1345	0.3428	0.4748	461	34.28
行动类型	1345	0.8178	0.3861	1100	81.78
人事变动	1345	0.1138	0.3176	153	11.38
高管薪酬	1345	0.0119	0.1085	16	1.19
年度报告	1345	0.1056	0.3074	142	10.56
关联交易	1345	0.1695	0.3753	228	16.95
担保事项	1345	0.232	0.4222	312	23.20
投资事项	1345	0.0862	0.2808	116	8.62
审计事项	1345	0.0639	0.2447	86	6.39
股权变动	1345	0.0074	0.0859	10	0.74
资金募集	1345	0.0112	0.1051	15	1.12
资产变动	1345	0.0625	0.2421	84	6.25
其他事项	1345	0.1138	0.3176	153	13.61

表 4-3 是有关公司特征和独立董事特征的统计性描述。在独立董事背景变量中,学术背景的独立董事最多,财务背景的次之,政府背景的第三,法律背景的最少。独立董事的平均年龄为53 岁,最大年龄为 79 岁。而独立董事的性别以男性占绝大多数。在公司特征变量中,提出异议公司的资产负债率为58.14%,多数公司的董事长不兼任总经理。上述统计性描述与以往文献具有一致性。

表4-3 公司特征和独立董事特征统计描述

变量	观测值	均值	标准差	最小值	最大值
年龄	1343	53	10.1740	31	79
性别	1345	0.8684	0.3382	0	1
政府背景	1345	0.1680	0.3740	0	1
财务背景	1345	0.2684	0.4433	0	1
法律背景	1345	0.1465	0.3537	0	1
学术背景	1345	0.2959	0.4566	0	1
规模	1345	12.2663	1.5767	5.5724	21.0308
盈利水平	1341	0.0073	0.0220	0.3623	0.1415
债务水平	1345	0.5814	0.6977	0.0083	22.8288
两职兼任	1345	1.7003	0.5853	0	1
独立董事比例	1345	0.3354	0.0677	0.0909	0.5714
企业性质	1345	0.4535	0.4980	0	1
年份效应	1345	2008.9580	3.0265	2005	2013
行业效应	1345	15.9547	9.3055	1	35

第三节 出具否定意见对独立董事连任的实证结果

一、独立董事出具否定意见对连任的影响

我们首先考察出具否定意见的具体类型对独立董事第一任期届满连任的影响。在以否定意见的具体类型分别考察相关效应之前,为了保持与以往研究的结论具有可比性,我们采用定义为除赞成意见之外其余的否定意见类型构成的否定意见变量综合地考察出具否定意见与任期届满连任的关系。我们采用的回归模型如式(4-1)所示。对于具体否定意见类型的考察,我们则以具体意见类型代替综合性的否定意见来加以考察。我们采用的回归模型如

式（4-2）所示。

$$Reelection_{it} = \alpha + \beta_1 \times Adverse\text{-}opinion_{it} + \sum_{i=1}^{10} \chi_i \times Term_{it} +$$

$$\gamma \times Act_{it} + \theta \times Control_{it} + \varepsilon_{it} \qquad (4\text{-}1)$$

$$Reelection_{it} = \alpha + \beta_1 \times Counterview_{it} + \beta_2 \times$$

$$Qualified\_opinion_{it} + \beta_3 \times Disclaimer \ of$$

$$opinion_{it} + \beta_4 \times Abstention_{it} + \beta_5 \times Demur_{it} + \beta_6 \times$$

$$Others_{it} + \sum_{i=1}^{10} \chi_i \times Term_{it} + \gamma \times Act_{it} + \theta \times$$

$$Control_{it} + \varepsilon_{it} \qquad (4\text{-}2)$$

其中,在式（4-1）中,被解释变量为独立董事在其第一任期届满是否连任（*Reelection*）,连任为 1,否则为 0。解释变量为包括除赞成之外的所有否定意见类型的"广义否定意见"（*Negative*）,出具否定意见为 1,否则为 0。在式（4-2）中,（保留意见）*Qualified_opinionit*、（反对意见）*Counterviewit*、（无法发表意见）*Disclaimer of opinionit*、（弃权）*Abstentionit*、（提出异议）*Demurit* 和（其他意见）*Othersit* 分别代表独立董事发表的否定性意见的具体类型。*Termit* 指的是董事会议案的具体事项,包括人事变动（*CEO_Turnover*）、高管薪酬（*Executive_compensation*）、年度报告（*Annual_reports*）、关联交易（*Connceted_transaction*）、担保（*Loan_Guarantee*）、投资收购（*Investment_acquisition*）、审计（*Audit*）、股权变动（*Equity_change*）、资金募集（*Funds_raised*）和资产变动（*Assets_change*）等。*Act_{it}* 为独立董事是否"集体"发表否定性意见,如果同时有两位以及两位以上独立董事出具否定意见记为 1,否则为 0;*Control_{it}* 为公司特征、独立董事特征、行业效应和年份效应的控制变量;*ε_{it}* 为随机误差项。

表4-4　否定意见对独立董事连任影响回归结果

变量名称	模型1	模型2	模型3	模型4
	连任			
广义否定意见	−0.444**	−0.315*	—	—
	(−2.57)	(−1.73)	—	—
反对意见	—	—	−1.547***	−1.455***
	—	—	(−6.53)	(−5.79)
保留意见	—	—	2.277***	2.051***
	—	—	(3.06)	(2.73)
无法发表意见	—	—	0.424	0.939**
	—	—	(1.02)	(2.18)
弃权	—	—	−0.258	−0.220
	—	—	(−0.81)	(−0.67)
提出异议	—	—	0.228	0.550
	—	—	(0.53)	(1.22)
其他事项	—	—	−0.420**	−0.318
	—	—	(−2.13)	(−1.50)
规模	0.220**	0.266**	0.248*	0.271**
	(2.12)	(2.37)	(1.95)	(2.16)
债务水平	0.311***	0.299***	0.327***	0.308***
	(4.86)	(4.69)	(4.86)	(4.67)
盈利水平	16.89***	22.88***	15.17***	19.57***
	(3.65)	(4.67)	(3.29)	(4.02)
独立董事比率	3.548***	4.337***	3.587***	4.458***
	(6.42)	(7.08)	(6.18)	(7.01)
二职合一	0.287	0.131	0.385	0.383
	(1.22)	(0.52)	(1.56)	(1.43)
企业性质	1.111***	1.100***	1.172***	1.121***
	(7.06)	(6.61)	(7.18)	(6.52)
性别	—	0.482**	—	0.833***
	—	(2.09)	—	(3.35)
年龄	—	−0.0325***	—	−0.0267***
	—	(−3.65)	—	(−2.82)

续表

变量名称	模型 1	模型 2	模型 3	模型 4
	连任			
政府背景	—	−0.0057	—	−0.145
	—	(−0.03)	—	(−0.64)
财务背景	—	−0.938***	—	−0.695***
	—	(−5.30)	—	(−3.73)
法律背景	—	−1.203***	—	−1.150***
	—	(−5.27)	—	(−4.88)
学术背景	—	−0.0582	—	0.0602
	—	(−0.32)	—	(0.30)
行业效应	是	是	是	是
年份效应	是	是	是	是
伪 R^2	0.1812	0.2408	0.3158	0.3316
样本数量	949	947	950	948

注:*、**、***分别表示在10%、5%和1%的水平下显著;括号内是 t 值,以下各表的含义相同。

表4-4报告显示了式(4-1)和式(4-2)开展的实证检验的结果。模型1和模型2报告综合性的否定意见对独立董事连任的影响。其中,模型1报告控制公司特征后,综合性的否定意见对独立董事连任的影响;模型2在模型1的基础上进一步控制独立董事特征。模型3和模型4报告具体否定意见类型对独立董事连任的影响。其中模型3报告控制公司特征的相关结果;模型4是在模型3的基础上进一步控制独立董事特征。我们使用 Logit 模型进行回归分析,所有模型同时控制产业和年度固定效应。

从表4-4的模型1和模型2我们看到,发表否定性意见将显著降低独立董事任期届满连任的概率,无论否定意见是以何种具体方式提出。唐雪松等(2010)研究表明,出具否定意见将使独立董事在未来一年内离职的概率提高。而本章从第一任期届满连任的角度支持了以往文献所持的在我国上市公司独立董事更迭存在逆淘汰机制的观点。从模型3和模型4我们看到,在众多的否定性意见的具体类型中,独立董事明确发表反对意见将在1%显著水平下降低其连任概率;而当独立董事以发表保留意见和无法表达意见这两种相对委婉的表达否定意见方式提出否定意见时,不仅不会降低,反而会增加其连任的概率。上述结果表明,在中国文化背景下,出具否定意见的方式有时比否定意见本身更加重要。这一结论大大丰富了我们对独立董事实际监督过程的认识。这同时从另一个侧面提醒我们在独立董事更迭问题中内部控制人权力的傲慢和任性。独立董事发表弃权意见和提出异议对连任的影响并不显著,独立董事的其他意见将降低连任的概率,但在控制独立董事特征后变得不显著,这在一定程度上表明其他方式可能与独立董事的个人特征有关。从模型3的结果看,其他(Others)确实代表了一种否定性的意见,而不是肯定意见。这在一定程度上支持叶康涛等(2011)案例分析的相关观点。

表4-4的其他变量的回归结果显示,相比较而言,具有会计背景和法律背景独立董事更不利于连任。这在一定程度上与具有会计或法律背景的独立董事所具有专业知识和能力的"权威性"更容易构成对实际控制人的挑战有关;男性独立董事更容易获得连任。这与以往文献研究发现的女性董事监督管理层更加积极(Adams 和 Ferreira,2009),以及女性董事风险厌恶特征更加明显(Gul 等,2008)的结论保持一致。从公司特征来看,在收益好、规模大以及独立董事比例更高的公司独立董事连任的概率较高。这在一定程度上表明独立董事的监督与企业的发展步入良性循环。而国有企业相比非国有企业独立董事连任的概率较高,则与国有

企业独立董事聘任中存在更浓的"任人唯亲"的董事会文化有关。相比而言,非国有企业更加看重独立董事的监督和战略咨询等专业能力。董事长兼任总经理的公司对独立董事连任影响不显著,其原因是公司治理对独立董事监督既存在"代理成本效应"又存在"激励效应"(叶康涛等,2011),二者叠加造成对连任影响不显著。

二、否定意见的议案事项对独立董事连任影响

上述部分的研究表明,不同否定性意见的类型对独立董事连任的影响不同。循着同样的逻辑,本小节考察独立董事针对不同的议案事项出具否定意见对其连任影响的差异。理论上,对不同议案事项出具否定意见,独立董事与实际控制人之间产生的冲突程度是不同的。独立董事对关联交易事项和担保事项等监管当局重点关注和严格检查的事项出具否定意见往往出于规避法律风险的考量,因而容易获得内部控制人的理解,对其未来是否连任的影响有限。然而,当独立董事出具否定意见事关敏感的人事任免等问题,则往往会遭受实际控制人的"打击报复",使其未来连任的可能性降低。

表4-5和表4-6显示了否定意见的具体议案事项对独立董事连任的影响的实证结果。其中模型 1 报告否定性意见(Negative)和不同事项分别对独立董事连任的影响。从模型 2 到模型 9 进一步在上述主效应的基础上,增加否定性意见与人事变动、高管薪酬、年度报告、关联交易、担保事项、投资收购、审计事项和资产变动等事项的交乘项,以考察二者之间的交乘效应。模型 10 同时考虑否定性意见与所有事项同时交乘的情形。

表4-5的回归结果表明,不同议案事项对独立董事连任的影响是不同的。从所关注的交乘效应,我们看到,如果独立董事的否定性意见事关年度报告(Annual_reports)、关联交易(Connceted_transaction)和贷款担保(Loan_Guarantee))等事项,虽然交乘项出现了负号,但影响并不显著。这表明对于上述监管重点和合规性要求,内部控制人对独立董事出具否定性意见有充分的预期和心理准备,因而对独立董事未来连任并不会造成太大的影响。

表4-5 否定意见的议案事项对独立董事连任影响(1)

变量名称	模型 1	模型 2	模型 3	模型 4	模型 5
	连任				
广义否定意见	−0.850***	−1.378***	−2.005***	−1.816***	−1.922***
	(−4.84)	(−3.08)	(−4.90)	(−4.11)	(−4.74)
人事变动	0.0993	2.977***	1.457***	1.472***	1.468***
	(0.44)	(3.31)	(2.80)	(2.85)	(2.84)
高管薪酬	1.484*	2.007**	0.591	2.177**	2.204**
	(2.22)	(2.22)	(0.37)	(2.44)	(2.46)
年度报告	1.193***	2.185***	2.376***	2.757***	2.369***
	(4.60)	(4.42)	(4.73)	(3.43)	(4.74)
关联交易	3.267***	4.735***	4.856***	4.787***	16.13
	(8.72)	(5.59)	(5.76)	(5.68)	(0.02)
担保事项	1.780***	2.749***	2.932***	2.870***	2.917***
	(8.05)	(6.04)	(6.42)	(6.22)	(6.40)
投资事项	1.243***	3.034***	2.989***	3.011***	3.004***
	(4.14)	(3.61)	(3.49)	(3.54)	(3.52)
审计事项	1.358***	4.664***	5.016***	4.944***	4.986***
	(4.34)	(4.96)	(5.27)	(5.20)	(5.26)
股权变动	−2.0110	−0.3980	0.0537	0.0560	0.0625
	(−1.89)	(−0.27)	(0.04)	(0.04)	(0.04)

变量名称	模型1	模型2	模型3	模型4	模型5
	连任				
资金募集	0.0917	−1.107	−1.465**	−1.352**	−1.415**
	(0.16)	(−1.61)	(−2.15)	(−1.97)	(−2.08)
资产变动	2.693***	3.156***	3.526***	3.447***	3.496***
	(5.53)	(4.45)	(4.92)	(4.82)	(4.90)
人事事项与广义否定意见的交乘项	—	−2.456**	—	—	—
	—	(−2.36)	—	—	—
薪酬事项与广义否定意见的交乘项	—	—	2.131	—	—
	—	—	(1.18)	—	—
年度报告与广义否定意见的交乘项	—	—	—	−0.532	—
	—	—	—	(−0.64)	—
关联交易与广义否定意见的交乘项	—	—	—	—	−11.36
	—	—	—	—	(−0.01)
Director—债务水平 Controls	是	是	是	是	是
Firm—债务水平 Controls	是	是	是	是	是
行业效应	是	是	是	是	是
年份效应	是	是	是	是	是
伪 R^2	0.3743	0.3813	0.3757	0.3747	0.3745
样本数量	947	947	947	947	947

注：*、**、***分别表示在10%、5%和1%的水平下显著。

表4-6的回归结果表明，不同议案事项对独立董事连任的影响是不同的。从所关注的交乘效应，我们看到，如果独立董事的否定性意见事关贷款担保（*Loan_Guarantee*）等事项，虽然交乘项出现了负号，但影响并不显著。对审计事项（*Audit*）和资产变动事项

（*Assets_change*）独立董事出具否定意见不仅不会降低反而增加独立董事连任概率。我们理解，独立董事在上述事项中出具否定性意见将很好地体现独立董事的专业素养，帮助包括控股股东在内的内部控制人发现管理漏洞，体现控股股东的意志和维护控股股东的利益，因而反而使连任的概率增加；但对于事涉个人升迁较为敏感的人事任免，独立董事出具否定意见则会遭受实际控制人的"打击报复"，显著降低其未来连任的可能性，表现在二者的交乘项显著为负。上述研究表明，即使同为否定性意见，但针对不同的议案事项，未来连任的可能性亦不同。这支持了假设2。这也提醒监管当局应该为独立董事未出具否定意见的相关法律风险提供更加明确的指引，避免政策模糊地带，将有利于独立董事更好地履行监督职能。

表4-6　否定意见的议案事项对独立董事连任影响（2）

变量名称	模型6	模型7	模型8	模型9	模型10
	连任				
广义否定意见	-1.910^{***}	-1.959^{***}	-2.130^{***}	-2.119^{***}	-1.732^{***}
	(-4.68)	(-4.71)	(-5.17)	(-5.08)	(-2.63)
人事变动	1.461^{***}	1.468^{***}	1.559^{***}	1.578^{***}	2.852^{***}
	(2.83)	(2.83)	(2.96)	(2.98)	(3.02)
高管薪酬	2.194^{**}	2.200^{**}	2.274^{**}	2.371^{***}	0.863
	(2.45)	(2.45)	(2.46)	(2.66)	(0.54)
年度报告	2.361^{***}	2.366^{***}	2.488^{***}	2.450^{***}	2.810^{***}
	(4.73)	(4.73)	(4.90)	(4.82)	(3.35)
关联交易	4.820^{***}	4.842^{***}	4.977^{***}	4.947^{***}	15.35
	(5.72)	(5.74)	(5.87)	(5.81)	(0.03)
担保事项	15.53	2.934^{***}	3.076^{***}	3.012^{***}	14.36
	(0.01)	(6.40)	(6.64)	(6.54)	(0.02)

续表

变量名称	模型 6	模型 7	模型 8	模型 9	模型 10
	连任				
投资事项	3.004***	2.826**	3.062***	2.959***	3.044***
	(3.52)	(2.54)	(3.55)	(3.44)	(2.64)
审计事项	4.974***	4.994***	0.0941	5.021***	0.349
	(5.25)	(5.26)	(0.07)	(5.32)	(0.26)
股权变动	0.0495	0.0709	0.206	0.131	−0.0891
	(0.04)	(0.05)	(0.15)	(0.09)	(−0.06)
资金募集	−1.410**	−1.435**	−1.496**	−1.569**	−1.305*
	(−2.07)	(−2.10)	(−2.19)	(−2.29)	(−1.75)
资产变动	3.489***	3.498***	3.569***	0.771	1.1
	(4.89)	(4.90)	(4.95)	(0.81)	(1.10)
人事事项与广义否定意见的交乘项	—	—	—	—	−1.909
	—	—	—	—	(−1.63)
薪酬事项与广义否定意见的交乘项	—	—	—	—	1.850
	—	—	—	—	(0.99)
年度报告与广义否定意见的交乘项	—	—	—	—	−0.544
	—	—	—	—	(−0.58)
关联交易与广义否定意见的交乘项	—	—	—	—	−10.50
	—	—	—	—	(−0.02)
担保事项与广义否定意见的交乘项	−12.63	—	—	—	−11.44
	(−0.01)	—	—	—	(−0.02)
投资收购与广义否定意见的交乘项	—	0.359	—	—	−0.0124
	—	(0.22)	—	—	(−0.01)
审计与广义否定意见的交乘项	—	—	5.927***	—	5.401***
	—	—	(3.42)	—	(2.96)

续表

变量名称	模型 6	模型 7	模型 8	模型 9	模型 10
			连任		
资产变动与广义否定意见的交乘项	—	—	—	3.669***	3.022**
	—	—	—	(3.06)	(2.25)
Director—债务水平 Controls	是	是	是	是	是
Firm—债务水平 Controls	是	是	是	是	是
行业效应	是	是	是	是	是
年份效应	是	是	是	是	是
伪 R^2	0.3747	0.3742	0.3829	0.3825	0.3970
样本数量	947	947	947	947	947

注:*、**、***分别表示在10%、5%和1%的水平下显著。

本小节考察出具否定意见是单独还是集体行动对独立董事未来连任的影响,相关结果报告见表4-7。

表4-7模型1在控制公司层面变量、行业效应和年份效应后首先报告集体行动(Colective_act)与否定性意见(Negative)对独立董事未来连任的主效应。模型2在模型1基础上进一步控制董事会议案事项。这是由于前面的研究表明,董事会议案的具体事项会对独立董事连任的影响不同。模型3在模型1考察否定性意见主效应的基础上,引入否定性意见和是否集体行动的交乘项,以考察如果是独立董事集体出具否定意见对其未来连任的影响。模型4则在模型3的基础上进一步控制董事会议案事项。

表 4-7　集体行动出具否定意见对独立董事连任影响

变量名称	模型 1	模型 2	模型 3	模型 4
	连任			
广义否定意见	−0.590**	−1.937***	−0.923**	−0.708
	(−2.14)	(−4.80)	(−2.05)	(−0.96)
集体行动	−0.675**	−0.941**	—	0.262
	(−2.58)	(−2.44)	—	(0.37)
集体行动的广义否定意见	—	—	−1.295***	−1.551*
	—	—	(−2.99)	(−1.88)
人事变动	—	1.464***	1.338**	1.354***
	—	(2.83)	(2.57)	(2.59)
高管薪酬	—	2.201**	2.108**	2.139**
	—	(2.46)	(2.29)	(2.32)
年度报告	—	2.365***	2.347***	2.360***
	—	(4.73)	(4.64)	(4.65)
关联交易	—	4.833***	4.905***	4.909***
	—	(5.74)	(5.79)	(5.79)
担保事项	—	2.923***	3.004***	3.004***
	—	(6.42)	(6.49)	(6.49)
投资事项	—	2.998***	3.056***	3.092***
	—	(3.51)	(3.56)	(3.58)
审计事项	—	4.983***	5.048***	5.054***
	—	(5.26)	(5.30)	(5.31)
股权变动	—	0.0587	0.0483	0.0636
	—	(0.04)	(0.03)	(0.04)
资金募集	—	−1.425**	−1.492**	−1.502**
	—	(−2.09)	(−2.18)	(−2.19)
资产变动	—	3.498***	3.293***	3.305***
	—	(4.90)	(4.59)	(4.60)
Director—债务水平 Controls	是	是	是	是
Firm—债务水平 Controls	是	是	是	是

续表

变量名称	模型1	模型2	模型3	模型4
	连任			
行业效应	是	是	是	是
年份效应	是	是	是	是
伪 R^2	0.2483	0.3297	0.3777	0.378
样本数量	947	947	947	947

表4-7研究结果显示,独立董事集体行动将显著降低其未来连任的可能性,无论是否控制董事会议案事项。而否定性意见与集体行动的交乘效应显著为负。这表明,在出具否定意见本身将使独立董事连任可能性降低的基础上,如果是独立董事集体行动,则其未来获得连任的可能性进一步降低。这在一定程度上与独立董事集体出具否定意见会引起实际控制人更多的警觉和不安有关。在模型4控制董事会议案事项后,否定性意见的主效应出现预期的符号,但不再显著。我们理解这与不同董事会议案类型的效应方向不同,甚至相反有关。但否定性意见与集体行动的交乘效应显著与否的结果保持不变。这意味着,对于独立董事未来是否获得连任的问题,虽然是否出具否定意见很重要,但是否集体出具否定意见同样重要。这支持了假设3。

第四节 议案事项对未来连任影响的稳健性检验

一、样本选择偏差的稳健性检查

本章的结论可能会受到样本选择性偏误的影响。由于说

"不"独立董事已经做好不再连任准备,所以其不再连任概率高,从而本章结论有可能受到样本选择性偏误的内生性影响。本章下面将采用 Heckman 两阶段模型,以克服自选择问题对研究结果可能产生的影响。根据 Heckman 模型的运行程序,在第一阶段使用 Probit 模型估计连任(Reelection)的决定因素,并计算逆米尔斯比(IMR)。本章第一阶段的因变量广义否定意见为虚拟变量,若广义否定意见出具否定意见为 1;否则为 0。另外,根据已有独立董事否定意见决定因素的文献,选择相关公司层面和独立董事层面的规模、债务水平、盈利水平、独立董事比率、二职合一、企业性质、年份效应、学术背景、政府背景、财务背景、法律背景和学术背景以及年度效应和行业效应等因素。根据第一阶段回归计算出逆米尔斯比,并将逆米尔斯比和广义否定意见放入模型中,以修正自选择问题。表 4-8 回归结果表明,在控制了内生性问题后广义否定意见的系数在 1% 置信上依旧显著,与前文结论一致。

表 4-8　Heckman 两阶段自选择矫正模型回归结果

变量名称	Stage1	Stage2
广义否定意见	—	-0.723^{***}
	—	(-4.69)
规模	0.033^{***}	0.164^{***}
	(5.84)	(3.89)
债务水平	0.004	0.385^{*}
	(0.09)	(1.91)
盈利能力	1.426^{**}	15.680^{***}
	(2.24)	(3.89)
独立董事比率	0.929^{***}	1.727^{*}
	(6.20)	(1.87)

变量名称	Stage1	Stage2
二职合一	0.001	−0.180
	（0.03）	（−1.18）
企业性质	0.113***	0.798***
	（4.57）	（6.39）
性别	−0.017	−0.078
	（−0.55）	（−0.51）
年龄	0.002**	0.013**
	（2.35）	（2.03）
政府背景	−0.081***	−0.265*
	（−2.66）	（−1.66）
财务背景	−0.082***	−0.671***
	（−2.63）	（−5.21）
法律背景	−0.083**	−0.588***
	（−2.55）	（−3.72）
学术背景	0.013	0.258**
	（0.57）	（1.99）
常数项	0.033***	−2.212***
	（5.84）	（−3.38）
行业效应	是	是
年份效应	是	是
逆米尔斯比	—	0.393***
空间自回归系数	—	（6.83）
样本数量	948	948

注：*、**、***分别表示在10%、5%和1%的水平下显著。

二、变量度量误差的稳健性检查

本小节主要围绕可能存在的变量度量误差等对本章的主要结论进行稳健性检查。

对于否定性意见的度量目前文献主要存在两种方法。唐雪松等（2010）把"同意"和"其他"意见归为肯定意见，把反对意见、保留意见、提出异议、无法发表和弃权意见归为否定意见。然而，叶康涛等（2011）指出，独立董事出具类型为"其他"的独立意见有时也带有明显的否定意味。叶康涛（2011）进一步把反对和提出异议设定为"否定意见"，而其他类型的意见设定为"非否定意见"。为了使本章的结论与上述文献具有可比性，我们在本小节分别采用现有文献存在的两种否定性意见的度量方法开展稳健性检查，以确保本章的主要结论不存在变量度量误差问题。

相关结果报告在表4-9。其中模型1和模型2报告按唐雪松等（2010）的方法度量否定性意见重新考察议案事项、集体行动对独立董事连任的影响。模型3和模型4则报告按照叶康涛等（2011）认为的"否定性意见"的度量方法的相关稳健性检验结果。模型2和模型4分别在模型1和模型3的基础上进一步控制公司特征、独立董事特征。所有模型同时控制年份效应和行业效应。

表4-9　对否定意见的不同度量对独立董事连任的影响

变量名称	模型 1	模型 2	模型 3	模型 4
	连任			
广义否定意见	-0.799^{***}	-0.292^{***}	-0.798^{***}	-2.112^{***}
	(-4.21)	(-4.47)	(-3.33)	(-5.31)
集体行动	-0.919^{***}	-0.352	-0.212	-1.299^{***}
	(-3.49)	(-0.99)	(-0.80)	(-3.04)
人事事项	-0.395	1.701^{***}	0.647^{**}	1.471^{***}
	(-1.53)	(3.31)	(2.28)	(2.90)
薪酬事项	0.685	1.890^{**}	0.180	0.995
	(1.09)	(2.32)	(0.28)	(1.05)
年度报告	0.823^{***}	2.365^{***}	0.909^{***}	1.998^{***}
	(2.96)	(4.84)	(3.06)	(4.17)

变量名称	模型 1	模型 2	模型 3	模型 4
	连任			
关联交易	2.579***	4.976***	2.915***	3.732***
	(6.72)	(5.74)	(7.30)	(4.49)
担保事项	1.168***	2.869***	1.243***	1.552***
	(5.06)	(6.08)	(4.96)	(3.93)
投资事项	1.134***	3.191***	2.184***	3.589***
	(3.73)	(3.82)	(6.66)	(4.07)
审计事项	1.028***	5.297***	1.656***	3.964***
	(3.12)	(5.50)	(4.88)	(4.41)
股权变动	−2.755**	0.106	−2.429**	−1.069
	(−2.57)	(0.06)	(−2.26)	(−0.89)
募集资金	0.202	−1.104*	−0.292	−1.059
	(0.35)	(−1.65)	(−0.49)	(−1.56)
资产变动	1.960***	3.629***	2.588***	2.822***
	(3.81)	(5.18)	(4.87)	(4.00)
Director—债务水平 Controls	否	是	否	是
Firm—债务水平 Controls	否	是	否	是
行业效应	是	是	是	是
年份效应	是	是	是	否
伪 R^2	0.1681	0.3706	0.2425	0.3808
样本数量	1345	948	1345	948

注：*、**、***分别表示在10%、5%和1%的水平下显著。

从表4-9我们看到，虽然对否定性意见的度量按照现有文献所采用的不同度量方法进行调整，但我们上面得到的主要结论则保持不变。这表明，本章并不存在变量度量误差问题，相关结论保持稳健。

由于本章关注的是独立董事在第一任期内出具否定性意见对

其任期届满后未来连任的影响。是否连任与否定性意见的提出存在明显的时间上的滞后。上述"天然"的滞后处理在一定程度上缓解了公司治理文献中通常面临的内生性问题。

三、议案事项对选择集体行动影响的补充证据

作为一个补充证据，我们进一步考察了独立董事是否会根据议案事项来选择集体行动还是个人行动的问题。这通过围绕不同行动类型下出具否定意见的董事会议案具体事项所占全体事项的比率的均值差异检验来实现。相关结果报告见表4-10。

表4-10　不同行动类型下议案事项均值差异检验

行动类型＼事项	单独行动	集体行动	差异	T检验
人事事项	0.294	0.074	0.220	10.1832***
薪酬事项	0.053	0.003	0.050	6.6749***
年度报告	0.135	0.099	0.036	1.6404*
关联交易	0.147	0.175	−0.028	−1.0411
担保事项	0.024	0.278	−0.254	−8.74***
投资事项	0.073	0.089	−0.016	−0.7873
审计事项	0.029	0.072	−0.043	−2.5062***
股权变动	0.004	0.008	−0.004	−0.6752
募集资金	0.004	0.013	−0.009	−1.1651
资产变动	0.220	0.027	0.193	11.8668***
其他事项	0.008	0.137	−0.129	−5.8238***

注：*、***分别表示在10%、1%的水平下显著。

表4-10研究结果显示，董事会议案具体事项确实会影响独立董事是集体还是单独出具否定意见。研究发现，当议案事项事关担保交易（*Loan_Guarantee*）、投资事项（*Invest_acquisition*）、审计

事项(*Audit*)、股权变动(*Equity_change*)、资金募集(*Funds_raised*)等事项时,独立董事往往会采取集体行动出具否定意见。这一定程度与上述事项往往或者涉及合规要求,或者与控股股东的利益保护有关;而当董事会议案事涉人事变动(*CEO_Turnover*)、高管薪酬(*Executive_compensation*)、年度报告(*Annual_reports*)、资产变动(*Assets_change*)和其他事项(*Other_items*)等事项时,股东更多采取个人单独行动的方式出具否定意见。上述均值差异结果进一步表明,董事会议案的具体事项不仅会直接影响否定性意见的出具与独立董事未来连任的可能性的关系,而且会通过影响集体行动或单独行动来间接影响二者的关系。但二者的变化方向则具有一致性。因此,董事会议案的具体事项这一"内容"是影响具体"形式"选择(集体行动还是单独行动)更为重要根本的因素,尽管"形式"的选择(否定性意见的具体类型,以及是否集体行动)对于独立董事是否获得连任这一最终结果十分重要。上述事实同时表明,在模型设定时我们需要对董事会议案具体类型加以控制。

四、明确监管议案事项对连任的影响

为了进一步分析议案事项对连任的影响,根据证监会是否议案事项监管作出明确要求,把人事变动、高管薪酬和关联交易归为明确监管议案事项(*Clear_iterm*)而其他所有的议案事项都归为非明确监管议案事项(*Non Explicit_iterm*)。表4-11 的模型 1 表示未考虑其他潜在因素影响下,明确监管议案事项与非明确监管议案事项对独立董事连任的影响。

表 4-11 明确监管议案事项对否定意见的影响

变量名称	模型 1	模型 2
	连任	连任
广义否定意见	-0.903***	-1.056***
	(-5.64)	(-3.37)
明确监管议案事项	-0.630***	-0.759**
	(-3.42)	(-2.31)
非明确监管议案事项	1.370***	0.763***
	(8.00)	(2.93)
规模	—	0.216**
	—	(2.57)
债务水平	—	0.220
	—	(1.64)
盈利水平	—	24.79***
	—	(4.08)
独立董事比率	—	5.12***
	—	3.622***
二职合一	—	-0.530**
	—	(-2.54)
企业性质	—	-1.061***
	—	(-3.33)
性别	—	0.615**
	—	(2.14)
年龄	—	-0.0547***
	—	(-4.33)
政府背景	—	0.419
	—	(1.28)
财务背景	—	-1.048***
	—	(-4.27)
法律背景	—	-1.061***
	—	(-3.33)
学术背景	—	0.548**
	—	(2.06)

变量名称	模型 1	模型 2
	连任	连任
行业效应	否	是
年份效应	否	是
常数项	1.539***	−183.9**
	(11.12)	(−2.07)
伪 R^2	0.0872	0.2844
样本数量	1344	987

注：**、***分别表示在5%、1%的水平下显著。

从表4-11模型可知，出具否定意见将在1%的水平下显著降低独立董事连任的概率，对明确监管议案事项出具否定意见将在1%水平下显著降低独立董事连任的概率。相对于明确监管事项而言，对非明确监管事项出具否定意见将在1%水平下显著增加连任概率。由于独立董事的连任因素除否定意见和议案事项外还有公司经营特征、公司治理特征和独立董事特征等潜在因素影响，所以在模型2中控制上述因素。从模型2的回归结果可知，否定意见将在1%的水平下显著降低独立董事连任的概率，明确监管事项也将在1%的水平下显著降低独立董事连任的概率。相对于明确监管事项，非明确监管事项将在1%水平下显著增加连任的概率。其他控制变量的回归结果与前面的分析基本相同。

独立董事的实际监督过程对于公司治理理论和实务而言是一个巨大的"黑匣子"。利用我国上市公司独立董事对议案发表意见的独特数据，本章从否定意见的具体类型、董事会议案事项和是否集体行动三个方面实证考察了对董事会议案说"不"与独立董事未来是否在第一任期结束后实现连任之间的关系,尝试从是否在第一任期结束后获得连任这一新的视角来评价独立董事出具否定意见"这一独立董事履行监督职能的真实、直接而重要的表现"的经济后果,从而一定程度上揭开这一"黑匣子"。

本章得到了以下主要结论。第一,发表否定性意见将显著降低独立董事任期届满连任的概率,无论否定意见是以何种具体方式提出。因而,本章从第一任期届满连任的角度支持了以往文献所持的在我国上市公司独立董事更迭存在逆淘汰机制的观点。本章的研究由此提醒公司治理的理论和实务界需要深刻反思出现上述"逆淘汰"机制的制度和文化根源,以切实提高我国上市公司独立董事制度的有效性。

第二,尽管独立董事明确发表反对意见将显著降低其连任概率,但当独立董事以发表保留意见和无法表达意见这两种相对委婉的表达否定意见方式提出否定意见时,不仅不会降低,反而会增加其连任的概率。因而,出具否定意见的方式有时比否定意见本身更加重要。

第三,不同议案事项对独立董事连任的影响是不同的。具体而言,如果独立董事的否定性意见事关年度报告、关联交易和贷款担保等事项,由于上述事项往往是监管重点和合规性要求,内部控制人对独立董事出具否定性意见有充分的预期和心理准备,因而对独立董事未来连任并不会造成太大的影响。对审计事项和资产变动事项独立董事出具否定意见不仅不会降低反而增加独立董事连任概率,这与独立董事在上述事项中出具否定性意见将很好地体现独立董事的专业素养,帮助包括控股股东在内的内部控制人发现管理漏洞,体现控股股东的意志和维护控股股东的利益有关。

但对于事涉个人升迁较为敏感的人事任免，独立董事出具否定意见则会遭受实际控制人的"打击报复"，显著降低其未来连任的可能性。所以，即使同为否定性意见，独立董事针对的董事会议案事项不同，其未来连任的概率也不相同。

第四，在出具否定意见本身将使独立董事连任可能性降低的基础上，如果是独立董事集体行动，则其未来获得连任的可能性进一步降低。这在一定程度上与独立董事集体出具否定意见会引起实际控制人更多的警觉和不安有关。因而，对于独立董事未来是否获得连任的问题，虽然是否出具否定意见很重要，但是否集体出具否定意见同样重要。

第五，董事会议案的具体事项不仅会直接影响否定性意见的出具与独立董事未来连任的可能性的关系，而且会通过影响集体或单独行动来间接影响二者的关系。因此，董事会议案的具体事项这一"内容"是影响具体"形式"选择（集体还是单独行动）更为重要的根本因素，尽管"形式"的选择（否定性意见的具体类型，以及是否集体行动）对于独立董事是否获得连任这一最终结果十分重要。

以上结论提醒监管当局应该为独立董事未出具否定意见的相关法律风险提供更加明确的指引，避免出现政策不明，将有利于独立董事更好地履行监督职能。

第五章　独立董事监督对公司监督体系的影响

　　2015 年 12 月日本最大的半导体制造商、第二大综合电机制造商东芝公司被爆出连续 7 年财务造假、至少 4 大业务部门、3 任社长涉及并参与其中,从 2008 年到 2014 年年底,虚报了 2248 亿日元(约 120 亿元人民币)的税前利润。在时间跨度大、涉及部门重大的财务造假中,日本的公司治理内部监督机制和外部监督机制形同虚设。我国上市公司财务造假等违规行为频频爆出,既有主板市场广为人知的"银广夏"事件,也有创业板欺诈上市的万福生科事件。在上市公司频繁违规背景下,我们不禁要问我们上市公司的监督机制呢? 为什么没有能够有效发挥监督功能?

　　我国上市公司的监督体系主要由内部监督和外部监督两部分组成。其中,独立董事监督和外部审计是上市公司内外部监督的重要组成部分。理论上,独立董事作为公司的"内部人"具有一定的信息优势,能够及时发现公司存在问题并及时进行制止和纠正。实际上,独立董事本身"势单力薄"、时间精力有限等原因,可能无法直接纠正和制止违法违规行为。这时独立董事将采取辞职或出具否定意见方式向外界传递公司治理不规范、公司违规疑虑的信号(张俊生、曾亚敏,2010;王性玉、彭宇,2012)。采用辞职方式向市场传递信号方式中包含的信息含量比较复杂,既可能是独立董事本身不称职导致被动辞职,也可能是规避是潜在风险的主动行为。无论主动还是被动,独立董事都没有尽到勤勉履职的职业要求,没有很好地起到监督作用,所以辞职方式不是理想的监督方式而更像是独立董事现实利益考量的折中选择。而独立董事出具否定意见是其履行监督职能的标准方式,能够体现独立董事积极监督的职业态度,也是一种可观察和证实的行为。所以,独立董事否定意见能够向市场传递更直接和明确的消息。受到"逆淘汰"机制(唐雪松等,2010)和"任人唯亲"董事会文化(郑志刚等,2012)等因素影响,独立董事出具否定意见非常谨慎。叶康涛等(2011)指出,当公司经营状况差时,独立董事更倾向出具否定意见。也就是说,当公司存在明显问题时,独立董事往往会出具否定意见。而作为第三方的独立外部监督,会计师事务所的注册会计师出具非标准审计意见(以下简称"非标"意见),向投资者和市场传递"谁是最不值得信赖"和"最容易出事"的公司的信号。高质量的外部审计包含经验和财务风险、会计裁量权和治理结构和公司行为等较多信息,不仅能够为外部投资者提供有价值信息,而且能够向内部管理者和所有者传递信息。赵子夜(2007)通过梳理"非标"意见涉及事项,发现注册会计师关注的公司行为与独立董事监督事项存在重合。由于注册会计师和独立董事监督对象存在重合,所以"非标"意见必然对独立董事监督行为,尤其出具否定意见行为产生直接影响;同理,独立董事出具否定意见也将是会计师出具"非标"意见重要参考信息。那么"非标"意见与否定意见如何影响监督行为,何种监督方式更加有效或起到更加重要作用。注册会计师出具"非标"意见和独立董事出具否定意见不常发生,甚至是罕见的,那么"非标"意见信号或否定意见信号将引起投资者和监管机构关注并影响其行为。当公司被出具"非标"意见或否定意见时,投资者"以脚投票"卖出股票规避潜在损失;监管机构对发现潜在问题的公司将重点关注和介入调查,这必将有助于发现公司违规事件和处罚相关违规行为。

本章聚焦的问题是外部审计的"非标"意见与独立董事的否定意见在上市公司的监督中谁更能引起监管机构关注、调查和导致违规处罚,外部监督与内部监督如何相互依存共同促进监管机构发现和处罚违规行为。通过分析二者不同时间顺序对违规处罚的影响,厘清"非标"意见与否定意见在监督中相互影响机制以及对违规处罚所起作用。

第一节　"非标"意见、否定意见与
违规处罚的作用机理

来自外部会计师事务所的审计意见和内部独立董事的否定意见是公司监督机制发挥作用的重要保障。理论上,来自第三方的中介机构会计师事务所具有很高独立性,所以能够对上市公司的财务和内控等方面出具客观、专业意见。实际上,作为盈利的会计师事务所也要进行现实利益的考量。一方面,因为注册会计师出具"非标"审计意见将可能失去上市公司客户(姜涛等,2012),所以其通常情况下不会出具"非标"意见。即使发现上市公司存在问题,注册会计师的审计意见会在事前与当事公司进行沟通协商,甚至审计意见可能被"购买"(吴联生,2005)。另一方面,如果会计师事务所与上市公司合谋或未尽职履职,一旦违规被发现,将面临严重经济和法律成本。所以,只有当注册会计师意识到公司存在问题将面临较大法律风险时才会出具"非标"意见。换句话说,当公司不愿或不能对存在问题进行纠正和问题潜在风险高时,注册会计师才会出具"非标"意见。

相对于注册会计师,独立董事参与公司经营决策和便于获取公司信息的"地利"更容易发现公司存在的问题。但是,由于"逆淘汰"机制(唐雪松等,2010)和"任人唯亲"董事会文化(郑志刚等,2012)的存在,使独立董事出具否定意见将会离职或无法连任,也容易留下"不易合作"印象,所以独立董事不倾向出具否定意见。当大股东或董事长等提名的独立董事出具意见时,一般会与大股东或实际控制人进行商议,只有当独立董事发现问题很严重,且与大股东或实际控制人的想法不一致时,这时独立董事才会通过委婉或明确方式提出质疑而履行监督职能。尽管独立董事对相关议案进行质疑或反对有时也难以阻止其通过,但是向市场和监管机构发出公司存在问题的信号,有助于违规发现和处罚。由于先天制度的缺陷,独立董事对报表重述的违规行为影响不显著(杨忠莲、杨振慧,2006),所以独立董事否定意见对违规处罚的影响也存在不确定性,这是一个需要证实的问题。

上述两种监督方式能否帮助监管机构发现违规行为,两种监督方式对违规处罚的发生是一种替代关系还是一种互补关系,哪种监督方式起到主导作用? 为了回答上述问题,需要识别"非标"意见与否定意见之间因果关系。时间顺序是有效识别的天然实验,前面发生监督事件会对后面监督行为产生影响,进而影响发现违规和处罚违规行为。所以,本章考察先发生"非标"意见,然后是否定意见,最后引起违规处罚的发生路径与先发生否定意见,然后是"非标"意见,最后引起违规处罚的路径,进而考察"非标"意见和否定意见在违规处罚中的作用机制。

(一)"非标"意见先行的潜在违规处罚路径

当"非标"意见先行出现时,而后的否定意见必然在一定程度上会受到前面信息影响,从而影响出具否定意见概率,进而影响违规处罚概率,所以在这种情况下"非标"意见在整个发现违规和查处违规行动中起到作用可能更大。因为第一个发出上市公司有问题信号——"非标"意见将影响后续独立董事和监管机构行为,从而可能使独立董事更倾向出具否定意见,监管机构也更容易发现违规问题和查处违规问题。"非标"意见先行的违规处罚路径如图 5-1 所示。

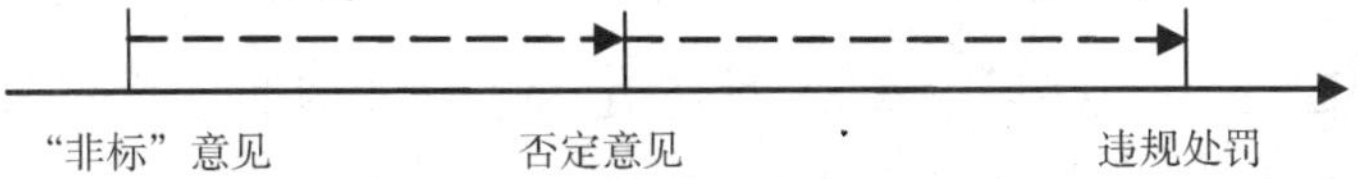

图 5-1　"非标"意见先行的潜在违规处罚路径

首先,考察当注册会计师出具"非标"意见时,如何影响独立董事的监督行为。"非标"意见的出具对独立董事监督行为产生两方面影响。一方面,注册会计师出具"非标"意见表示公司存在一定问题,而作为"内部人"的独立董事理应掌握更多信息和更早发现问题,但是当第三方指出存在问题时,独立董事为了规避潜在的法律风险和声誉损失将倾向出具否定意见。独立董事是通过明确指出公司存在问题方式还是委婉提示公司可能存在问题方式,否定意见的不同方式包含着不同的信息量,在整个发现违规的过程中所起作用也是不相同的。另一方面,独立董事畏惧大股东的权威和担心席位丢失财富,不能够尽职监督发现问题和提出问题,而选择默许或与大股东合谋想法掩盖存在问题,从而倾向于不出具否定意见。

其次,"非标"意见与否定意见对违规处罚的影响。考虑到注册会计师在出具"非标"意见时将面临失去现有客户而且上市公司可能会"购买审计意见"的影响,一旦出具"非标"意见可能意味着公司存在的问题将来具有很大的法律风险,所以才会对上市公司出具"非标"意见。而"非标"意见的出具能够为市场和监管机构发出公司潜在违规的信号,有助于监管机构发现违规行为和处罚违规行为。在"非标"意见后,如果独立董事出于规避潜在法律风险动机出具信息含量有限的广义否定意见,那么对违规处罚的作用将不显著。而"非标"意见后,独立董事勤勉履职根据"非标"意见的线索,对公司相关事项提出狭义否定意见,那么将显著增加违规处罚概率。

第三,"非标"意见与否定意见的协同监督效应。当上市公司既被出具"非标"意见又被出具否定意见,一方面,说明公司确实存在比较严重的治理或经营问题,所以才被注册会计师和独立董事都发现问题;另一方面,当出现外部监督和内部监督都发现问题的情况,向市场发出明确信号后,必然引起市场关注和监管层关注,从而能够更早和更及时地发现违规行为和进行处罚。

(二)否定意见先行的潜在违规处罚机制

在否定意见先行的潜在违规处罚机制中,独立董事率先发现公司存在问题并出具否定意见,那么能否对注册会计师出具"非标"意见产生显著影响呢? 如果出具"非标"意见受到否定意见影响,那么否定意见信息能否帮助监督机构发现违规行为? 在独立董事出具否定意见的情况下,注册会计师出具的"非标"意见能否向外界发出有效信息,帮助监管机构发现违规行为和处罚违规行为。否定意见先行的潜在违规处罚路径如图5-2所示。

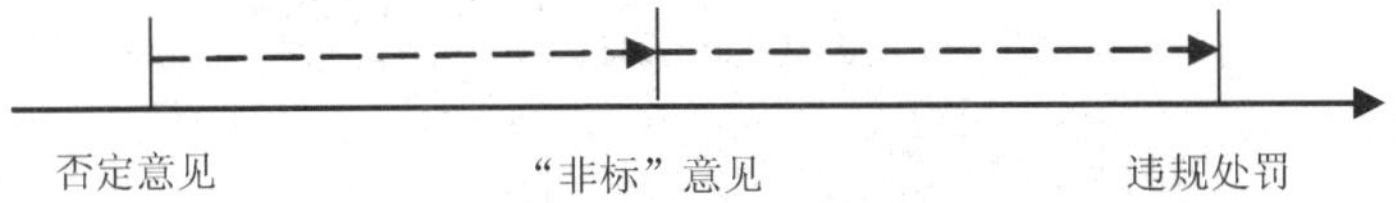

图 5-2 否定意见先行的潜在违规处罚路径

独立董事作为上市公司的"内部人"相比外部的会计师事务所能够获得更多信息,从而能够较早发现问题和出具否定意见。尚兆燕、扈唤(2016)证实,独立董事辞职意味着公司存在重大内控缺陷,将显著增加出具"非标"意见概率。同理,当独立董事出具否定意见时,注册会计师将会考虑到上述信息和从中得到公司存在问题的线索,警醒其更加关注该公司相关审计事项,从而增加出具"非标"意见概率。但是,由于独立董事出具否定意见时,往往采取比较委婉或模糊的方式,甚至是对存在问题的一种粉饰,所以使注册会计师可能获得信息有限从而对其审计行为产生有限影响。所以广义否定意见对"非标"意见可能统计上不显著,而狭义否定意见显著增加"非标"意见概率。在"逆淘汰"机制和"任人唯亲"的董事会文化下,独立董事没有动机去勤勉监督,这样使独立董事不愿出具否定意见,即使出具否定意见信息含量也比较有限或对相关事项的解释。所以,独立董事的否定意见对违规处罚的影响不显著,甚至降低违规处罚概率。

另外,无论否定意见对"非标"意见的影响是否显著,只要公司同时出具否定意见和"非标"意见,将发出上市公司存在问题的明确信号,从而使监管机构更容易发现违规行为和处罚违规行为。也就是说,在独立董事的提示或粉饰下,注册会计师也出具"非标"意见,那么公司的内外监督机制都发出公司存在问题信号时,能够引起市场和监管机构关注,从而发现和处罚违规行为。

第二节 "非标"意见与否定意见的研究设计

一、样本与数据

本章选取 2005—2014 年所有 A 股上市公司作为研究样本。由于独立董事意见数据强制披露日期从 2005 年开始,所以本章的样本起始年份效应为 2005 年。由于 2015 年中国股票市场出现巨大异常波动和监管层强势介入,使上市公司受到系统性影响而不具有一般性,所以样本期截至年份效应为 2014 年。在删除金融类公司与公司经营层面变量缺失的样本后,否定意见先行的样本为 51435 个意见—公司—年份效应的观测值为研究对象,而"非标"意见先行的样本为 82175 个意见公司—年份效应的观测值为研究对象。为降低异常值的可能影响,我们对所有连续变量在 1% 和 99% 的水平上进行 Winsorize 处理

本章数据主要来自国泰安信息技术有限公司(CSMAR)数据库,对其中注册会计师"非标"意见与独立董事否定意见等核心变量数据与公司年报或巨潮资讯网①等数据进行——核对和补充。

二、模型设定与变量定义

(一)模型设定

本章主要使用 Logit 模型,分析"非标"意见(Type)、否定意见

---

① 资料来源:巨潮资讯网,http://www.cninfo.com.cn/cninfo-new/index。

（广义否定意见）及二者的交乘项对违规处罚的影响。为了考察"非标"意见与否定意见在违规处罚中的机制作用,上述两个潜在的违规处罚路径,分别考察"非标"意见发生对否定意见的影响、否定意见对"非标"意见影响以及"非标"意见与否定意见对违规处罚的系统影响。

$$\text{广义否定意见}_{it} = c + \varphi_{it} Type_{it} + \sum \theta_i Control + \sum \mu_i \text{行业效}$$
$$\text{应} + \sum \rho_i \text{年份效应} + \varepsilon_{it} \tag{5-1}$$

$$Type_{it} = c + \mu_{it} \text{广义否定意见}_{it} + \sum \theta_i Control + \sum \mu_i \text{行业效}$$
$$\text{应} + \sum \rho_i \text{年份效应} + \varepsilon_{it} \tag{5-2}$$

$$Violate_{it} = c + \alpha_i \text{广义否定意见}_{it} + \beta_i Type_{it} + \gamma_i \text{广义否定意}$$
$$\text{见}_{it} \times Type_{it} + \sum \theta_i Control + \sum \mu_i \text{行业效应} + \sum$$
$$\rho_i \text{年份效应} + \varepsilon_{it} \tag{5-3}$$

其中,模型(5-1)用来考察,"非标"意见先行潜在违规处罚路径时,"非标"意见对否定意见的影响;模型(5-2)用来考察否定意见先行潜在违规处罚路径时,否定意见对"非标"意见的影响;模型(5-3)用来考察"非标"意见、否定意见以及其交乘项对违规处罚的影响。

(二)变量定义

本章被解释变量为违规处罚,解释变量为"非标"意见、否定意见及二者的交乘项,其中对违规处罚进行不同层次考察,违规处罚分析广义违规处罚(*Violate*)与担保违规处罚(*Violate1*),否定意见分为广义否定意见(广义否定意见)、狭义否定意见(广义

否定意见 1）与明确否定意见（*Opinion*）。根据监管规则和业界
分类标准,独立董事意见分为赞成、反对、保留、提出异议、弃权、
无法发表意见和其他意见。其中,其他意见主要为对相关事项
合规性的说明。根据克莱森等（Claessens 等,2000）;阿格拉瓦
尔和查达（Agrawal 和 Chadha,2005）;埃里克森等（Erickson
等,2006）;罗尔和韦斯顿（Roll 和 Weston,2008）;冯旭南和陈
工孟,（2011）;路遥和李茶（2016）研究,本章选取公司治理和
公司经营两类控制变量,其中公司治理变量为二职合一
（Dual）、董事会规模（Boards）、独立董事比例（Ratio）、高管薪
酬（H_salary）、专业委员会数量（委员会数量）和社会关联
（Local）,公司经营变量为第一大股东持股比例（股权结构）、
成长性、公司规模（totalasset）、债务水平（债务水平）和盈利水
平（总资产报酬率）,另外控制行业效应和年份效应。各变量
的具体定义见表5-1。

表5-1 变量定义

	变量名称	变量符号	变量说明
核心变量	违规处罚	*Violate*	违规处罚为1;否则为0
	担保违规处罚	*Violate1*	担保违规处罚为1;否则为0
	非标意见	*Type*	注册会计师出具"非标"意见为1;否则为0
	广义否定意见	广义否定意见	独立董事出具非同意意见为1;否则为0
	狭义否定意见	广义否定意见1	独立董事明确表态质疑(反对、保留、提出异议、弃权和无法发表意见)为1;否则为0
	明确否定意见	*Opinion*	独立董事反对或提出异议为1;否则为0
	非标意见与广义否定意见交乘项	U_U	U_U=Type×广义否定意见,即当非标意见和广义否定意见为1;否则为0
	非标意见与狭义否定意见交乘项	U_U₁	U_U₁=Type×广义否定意见1,即当非标意见和广义否定意见为1;否则为0

	变量名称	变量符号	变量说明
公司治理变量	二职合一	*Dual*	董事长兼任 CEO 为 1;否则为 0
	董事会规模	*Boards*	董事会中董事数量
	独立董事比例	*Ratio*	董事会中独立董事的比例
	高管薪酬	*H_salary*	上市公司高管年度薪酬(万元)
	专业委员会数量	委员会数量	董事会中专业委员会数量
	社会关联	*Local*	工作地点与上市公司注册地一致为 1;否则为 0
公司经营变量	第一大股东持股比例	股权结构	第一大股东持有股份占所有股份的比例
	成长性	成长性	为企业的市场价值与总资产之比
	公司规模	*total asset*	公司总资产(亿元)
	债务水平	债务水平	负债与总资产之比
	盈利水平	总资产报酬率	净利润比资产总额
	行业效应	行业效应	行业效应虚拟变量
	年份效应	年份效应	年份效应虚拟变量

三、统计描述

表 5-2 报告主要变量的描述性统计结果。由于考察"非标"意见引导的潜在违规处罚路径与否定意见引导的潜在违规处罚路径,所以分为"非标"意见先行样本与否定意见先行样本进行分析。从违规处罚($Violate$)看,"非标"意见先行样本发生频率低于否定意见先行样本,而"非标"意见先行样本担保违规($Violate1$)发生频率高于否定意见样本(0.0459>0.0062),说明注册会计师审计意见对担保违规等重大事项关注集中(审计意见主要是对财务报表相关事项发表意见),而独立董事出具监督范围和事项更加宽泛(理论上,独立董事对公司经营决策具有知情权和监督权,不仅仅限于某些具体事项)。"非标"意见均值大于广义违规处罚均值,表明被出具"非标"意见的公司不一定违规,但是潜在违规

的概率很高,能够向外界传递违规信号。而广义否定意见均值小于违规处罚均值表明即使发生违规的公司,独立董事也不一定出具否定意见,监督效果不尽如人意。

表5-2 分样本描述性统计

	变量	"非标"意见先行样本			否定意见先行样本		
		观测值	均值	标准差	观测值	均值	标准差
核心变量	违规处罚	96967	0.0609	0.2391	82175	0.0787	0.2692
	担保违规处罚	96967	0.0459	0.2093	51444	0.0062	0.0789
	"非标"意见	81946	0.0837	0.2769	82032	0.0840	0.2774
	广义否定意见	96967	0.0145	0.1196	51444	0.0148	0.1209
	狭义否定意见	96967	0.0043	0.0658	82175	0.0029	0.0541
	明确否定意见	51435	0.0014	0.0371	51444	0.0014	0.0371
公司治理变量	二职合一	87027	0.1612	0.3677	46195	0.1641	0.3704
	董事会规模	95827	9.1308	1.4861	50865	9.1138	1.4836
	独立董事比例	95827	0.3611	0.0368	50865	0.3612	0.0369
	高管薪酬	96563	302.42	235.03	51232	300.78	234.56
	专业委员会数量	91045	3.6429	0.7013	48333	3.6472	0.6983
	社会关联	96888	0.3818	0.4858	51395	0.3818	0.4858
经营变量	第一大股东持股比例	96967	34.808	13.733	51444	34.5975	13.7197
	成长性	96967	1.4623	1.0539	51444	1.4742	1.0626
	公司规模	96967	38.19	38.956	51444	37.6735	38.7381
	债务水平	96949	0.4924	0.1939	51435	0.4940	0.1952
	盈利水平	96207	0.0191	0.0279	51027	0.0187	0.0280

对于控制变量中,二职合一公司的比例为16%、董事会规模约为9人、独立董事在董事会中所占比例为36%、高管薪酬年均302万元、专业委员会3.6个、38.18%的工作地点与上市公司所在地一致、第一大股东持股比例超过34%、成长性为1.5、公司规模

为 38 亿元左右、债务水平为 49%、盈利水平为 1.9%,所有控制变量取值均与相关文献(叶青等,2016;吴溪等,2015;刘春等,2015)保持一致。

第三节　"非标"意见先行和否定
意见先行的实证分析

对上市公司的监督主要来自公司内部监督和来自市场第三方的外部监督,两种监督相互之间如何相互影响,共同助力监管当局发现违规事件。下面将分别从"非标"意见先行和否定意见先行考察潜在的违规处罚路径。

一、"非标"意见先行的违规处罚分析

注册会计师出具"非标"意见,向市场发出明确潜在违规信号。这时公司独立董事如果忽略存在问题无所行动,一旦违规被发现,将负有难以推脱的责任。所以,独立董事比较理性的做法是关注所提出问题并对其他潜在问题并适时提出否定意见,从而减少声誉损失和法律责任。当外部的审计意见和内部独立董事意见都反映公司存在问题时,监督机构势必重点关注和介入调查,从而有助于违规处罚发生。

为了厘清在此路径中"非标"意见和否定意见所起具体作用,首先,分析"非标"意见如何对否定意见产生影响,能否显著增加独立董事出具否定意见概率?其次,如果"非标"意见能够显著增加出具否定意见概率,那么否定意见以及二者的共同作用对违规

处罚产生什么影响?

(一)"非标"意见对下一年度否定意见的影响分析

表5-3中模型1和模型2分别表示单变量下"非标"意见对广义否定意见的影响、在控制公司经营和公司治理等因素后"非标"意见对广义否定意见的影响。模型3和模型4分别表示单变量下"非标"意见对狭义否定意见(广义否定意见1)的影响和在控制公司经营和公司治理等因素后"非标"意见对狭义否定意见的影响。从表5-3中的4个模型可知,注册会计师的"非标"意见对广义否定意见或狭义否定意见都将显著增加独立董事出具否定意见概率,外部的审计意见对内部的监督行为能够产生良好的正向激励作用。也就是说,"非标"意见有助于独立董事发现公司所存在问题和出具否定意见。从模型1、模型2与模型3、模型4的回归结果比较可以看出,"非标"意见对独立董事出具狭义否定意见的影响更大(1.665>1.038、0.914>0.336),表明当外部监督指出公司存在问题时,独立董事往往采取对违规事项明确说"不"。谭洪涛和张筱(2015)发现,审计师因为仅出具"非标"意见不足以保护自身,只有效披露公司重大错报,才能远离惩戒。同理,独立董事只有出具明确的否定意见才能规避相应责罚。当注册会计师出具"非标"意见时,独立董事感受到存在问题的严重性,所以更倾向于明确说"不"。从上面分析可以看出,当公司被出具"非标"意见时,独立董事不仅出具否定意见而且倾向出具否定意见的态度明确,所以"非标"意见能够促使独立董事更好履行监督职能,对公司存在的违规或潜在违规提出质疑和反对。

对于控制变量,独立董事所占比重高显著降低出具否定意见概率,高管薪酬高和专业委员会数量多显著增加出具否定意见概率,第一大股东持股比例高显著降低出具否定意见概率。而其他控制变量对广义否定意见和狭义否定意见的影响不稳健。

表5-3　"非标"意见对下一年度否定意见的影响

变量名称	模型1	模型2	模型3	模型4
	广义否定意见	广义否定意见	狭义否定意见	狭义否定意见
"非标"意见	1.038***	0.336**	1.665***	0.914***
	(11.46)	(2.53)	(12.09)	(4.03)
二职合一	—	0.172	—	0.584***
		(1.58)		(2.98)
董事会规模	—	−0.136***	—	−0.0242
		(−4.05)		(−0.38)
独立董事比例	—	−3.477***	—	−12.03***
		(−2.66)		(−3.88)
高管薪酬	—	0.0007**	—	0.0012**
		(2.48)		(2.04)
专业委员会数量	—	0.517***	—	0.542***
		(8.03)		(4.31)
社会关联	—	0.113	—	0.0465
		(1.24)		(0.26)
第一大股东持股比例	—	−0.0131***	—	−0.0198***
		(−3.79)		(−2.67)
成长性	—	0.550***	—	0.0564
		(12.98)		(0.60)
公司规模	—	0.0004	—	−0.0027
		(0.20)		(−0.66)
债务水平	—	0.821***	—	0.446
		(3.24)		(0.88)
盈利水平	—	−0.476	—	−16.18***
		(−0.29)		(−4.10)

续表

变量名称	模型 1	模型 2	模型 3	模型 4
	广义否定意见	广义否定意见	狭义否定意见	狭义否定意见
行业效应与年份效应	—	是	—	是
常数项	−4.340***	1.0419***	−5.672***	9.2770***
	(−105.98)	(23.53)	(−71.84)	(11.17)
伪 R^2	0.0135	0.1620	0.0373	0.1724
样本数量	51421	42825	51421	42825

注:**、***分别表示在5%、1%的水平下显著。

(二)"非标"意见、否定意见与违规处罚

从"非标"意见对广义否定意见的分析可知,"非标"意见能够显著增加独立董事出具广义否定意见的概率,而"非标"意见和广义否定意见将对违规处罚产生什么影响呢?"非标"意见能够显著提高公司违规处罚的概率吗?受到"非标"意见影响的广义否定意见能否对违规处罚产生显著影响?既被出具"非标"意见又被出具广义否定意见的公司是不是更容易违规处罚?上述几个问题可以通过表5-4得到答案。

表5-4中的模型1和模型2分别表示在无控制变量的情况下和增加控制变量下,"非标"意见、广义否定意见以及二者的交乘项对违规处罚的影响。在模型1和模型2中,"非标"意见(Type)和交乘项(u_u)均是在1%水平下显著增加违规处罚概率;而广义否定意见对违规处罚的影响不显著(模型1中影响为负,而模型2中影响为正),表明在"非标"意见先行的潜在违规处罚路径中,广义否定意见只是对"非标"意见的一种附和,本身能够提供的信息

有限,所以对违规处罚影响不显著。虽然单独的广义否定意见本身对违规处罚影响并不显著,但是"非标"意见和广义否定意见同时出现的公司受到违规处罚的概率显著增加。也就是说,外部的"非标"意见和内部的广义否定意见相互影响能够对违规处罚起到积极作用。

关于控制变量,董事长兼任总经理,专业委员会数量越多、成长性越强,债务水平越高则违规处罚的概率越高;而董事会规模越大,独立董事比例越高,高管薪酬水平越高,当地独立董事越多则违规处罚的概率越低,与冯旭南和陈工孟(2011)、陈国进等(2005)研究结论一致。

表5-4　"非标"意见、否定意见与违规

变量名称	模型1	模型2
	违规处罚	违规处罚
"非标"意见	1.303***	1.050***
	(35.42)	(21.83)
广义否定意见	−0.0423	0.0732
	(−0.34)	(0.43)
"非标"意见与广义否定意见交乘项	0.9185***	0.835***
	(3.54)	(3.06)
二职合一	—	0.123***
	—	(3.11)
董事会规模	—	−0.0940***
	—	(−7.06)
独立董事比例	—	−3.813***
	—	(−8.22)
高管薪酬	—	−0.0002*
	—	(−1.86)

续表

变量名称	模型 1	模型 2
	违规处罚	违规处罚
专业委员会数量	—	0.0857***
	—	(2.96)
社会关联	—	-0.0530*
	—	(-1.66)
第一大股东持股比例	—	-0.0145***
	—	(-11.41)
成长性	—	0.0352**
	—	(2.13)
公司规模	—	-0.0058***
	—	(-9.43)
债务水平	—	0.431***
	—	(4.99)
盈利水平	—	-3.257***
	—	(-5.43)
年份效应与行业效应	—	是
常数项	-2.218***	-2.6360***
	(-142.25)	(-19.69)
伪 R^2	0.0313	0.0660
样本数量	51421	42825

注:*、**、***分别表示在 10%、5%和 1%的水平下显著。

从上述分析可以看出,"非标"意见使独立董事更加谨慎和勤勉,所以更容易发现公司存在的问题,从而出具广义否定意见。"非标"意见显著增加公司违规处罚概率,而广义否定意见对公司违规处罚影响统计上是不显著的。也就是说,独立董事出具广义否定意见所带来的监督价值没有"非标"意见那么强,不能够显著增加违规事件被发现概率。同时,当会计师事务所先发现问题并出具"非标"意见,而后独立董事也对有关事项议案出具广义否定意见,这将大大增加公司违规处罚概率,表明存在显著的协同效应。换句话说,当会计师事务所和独立董事都发现公司存在问题时,将向市场传递更加强烈的公司违规信息,从而引起监管当局警觉、关注和调查,从而更容易发现问题并对违规公司进行处罚。

因此,从"非标"意见先行的潜在违规处罚路径看,"非标"意见督促或帮助独立董事出具否定意见,并且显著增加违规处罚概率,而否定意见更多是出于对"非标"意见的回应或规避日后遭到处罚的避责之举,所以本身对违规处罚影响不显著。更重要的是,当一个公司先被出具"非标"意见而后被出具否定意见,即发生协同效应时,能够引起市场和监管机构的更多关注,从而有助于违规处罚的发生。

(三)关于否定意见的进一步考察

由于否定意见中的其他意见类型主要指对公司某事项的说明并没有明确质疑或出具否定意见,所以唐雪松等(2010)不把其归为否定意见。其他意见类型表现出独立董事通过委婉、晦涩的方式表达自己看法或质疑,向市场传递信息极其有限且不易解读。所以下面将否定意见定义为表态质疑而不包括其他意见类型。

表5-5　狭义否定意见的再检验

变量名称	模型1	模型2
	违规处罚	违规处罚
"非标"意见	1.305***	1.058***
	(35.44)	(22.15)
狭义否定意见	0.376	0.754***
	(1.64)	(2.64)

变量名称	模型 1	模型 2
	违规处罚	违规处罚
"非标"意见与狭义否定意见交乘项	0.489	0.781*
	(1.52)	(1.81)
二职合一	—	0.122***
	—	(3.09)
董事会规模	—	−0.0952***
	—	(−7.15)
独立董事比例	—	−3.800***
	—	(−8.19)
高管薪酬	—	−0.000171*
	—	(−1.88)
专业委员会数量	—	0.0859***
	—	(2.97)
社会关联	—	−0.0549*
	—	(−1.72)
第一大股东持股比例	—	−0.0145***
	—	(−11.42)
成长性	—	0.0352**
	—	(2.13)
公司规模	—	−0.00574***
	—	(−9.38)
债务水平	—	0.429***
	—	(4.97)
盈利水平	—	−3.264***
	—	(−5.45)
年份效应	—	0.131***
	—	(19.81)
行业效应	—	0.0160
	—	(1.23)
常数项	−2.218***	−263.4***
	(−142.25)	(−19.84)

续表

变量名称	模型 1	模型 2
	违规处罚	违规处罚
伪 R^2	0.0313	0.0664
样本数量	51421	42825

注：*、**、***分别表示在 10%、5%和 1%的水平下显著。

从上述回归结果可以看出，与前面的分析基本一致。对于"非标"意见，表 5-5 中模型 1 和模型 2 可以看出，其均在 1%显著性水平下增加公司违规处罚概率；对于狭义否定意见，在模型 1 中对违规处罚的影响为正（统计上不显著），在控制其他变量后的模型 2 中对违规处罚的影响在 1%显著性水平下显著为正，说明明确的狭义否定意见有助于监管机构发现违规事件；对于"非标"意见与狭义否定意见的交乘项，在模型 1 中其对违规处罚影响为正（统计不显著），而在控制其他变量后的模型 2 中其对违规处罚的影响在 10%水平下显著为正，说明上市公司同时被出具"非标"意见和狭义否定意见将显著提高违规处罚概率。与前面研究不同之处是狭义否定意见显著提高公司违规处罚概率。也就是说，明确表态的狭义否定意见信息含量更多和更有价值，有助于监管当局发现违规事项并进行处罚，而模糊非明确的广义否定意见中含有大量信息不明确或不易解读，从而造成监管当局难以发现问题。这说明，只有明确表达否定意见才能够对公司治理产生积极作用，而晦涩或过于委婉的表达方式能够产生的积极作用有限，更可能是一种自我保护之举，这也提醒政策制定者要明确独立董事出具否定意见的方式和相应的责任边界。

二、否定意见先行的违规处罚路径

相对于会计师事务所的注册会计师,独立董事因掌握更多公司信息和参与公司经营决策,可能更早发现问题和出具否定意见。所以下面将考虑独立董事先出具否定意见,然后会计师事务所出具"非标"意见,最终引起监管机构关注、介入调查和违规处罚的潜在路径。

为了检验上述潜在路径,下面将从否定意见对"非标"意见影响和否定意见、"非标"意见对违规处罚的回归分析两个方面展开研究。

(一)否定意见对"非标"意见影响分析

在否定意见先行的潜在违规处罚路径下,厘清否定意见对"非标"意见的影响是整个违规处罚路径的基础和前提。首先,如果否定意见能够明确指出公司问题所在并向注册会计师提供有价值信息,就能够提高出具"非标"意见的概率;反之,如果否定意见的信息含量有限,那么对出具"非标"意见的影响将变得不显著,难以在潜在违规路径下起主导作用。

模型1和模型2分别表示在有无控制变量情况下,广义否定意见对"非标"意见的影响。模型3和模型4分别表示在有无控制变量情况下,狭义否定意见对"非标"意见的影响,见表5-6。从模型1的回归结果可知,广义否定意见将在1%水平下显著增加出具"非标"意见概率,而从模型2可知,广义否定意见对"非标"意见的影响变得不显著,说明广义否定意见对"非标"意见的影响比较有限,其他因素是影响出具"非标"意见的主要原因。但是,从模型3回归结果可知,狭义否定意见在1%水平下显著增加出具

"非标"意见概率;在考虑控制变量影响后,狭义否定意见依然在1%水平下显著增加出具"非标"意见概率。所以,广义否定意见之所以对出具"非标"意见影响不显著,很大程度上是由于广义否定意见中有将近一半以上的其他意见类型,这样造成广义否定意见能够传递的信息相当有限,也无法成为公司潜在违规的信号;但是,当独立董事明确表态出具否定意见时,注册会计师能够获得较多有价值信息和发现相关问题线索,从而显著提高出具"非标"意见概率。

表5-6　否定意见对"非标"意见影响的回归结果

变量名称	模型1	模型2	模型3	模型4
	"非标"意见	"非标"意见	"非标"意见	"非标"意见
广义否定意见	1.123***	0.207	—	—
	(12.72)	(1.52)	—	—
狭义否定意见	—	—	2.006***	0.861***
	—	—	(15.20)	(3.88)
二职合一	—	0.0398	—	0.0367
	—	(0.77)	—	(0.71)
董事会规模	—	0.0496***	—	0.0481***
	—	(3.00)	—	(2.90)
独立董事比例	—	4.005***	—	4.044***
	—	(6.74)	—	(6.80)
高管薪酬	—	−0.0014***	—	−0.0014***
	—	(−9.08)	—	(−9.08)
专业委员会数量	—	−0.0906***	—	−0.0908***
	—	(−2.88)	—	(−2.88)
社会关联	—	0.0857**	—	0.0873**
	—	(2.03)	—	(2.07)
第一大股东持股比例	—	−0.0322***	—	−0.0322***
	—	(−17.69)	—	(−17.68)

续表

变量名称	模型 1	模型 2	模型 3	模型 4
	"非标"意见	"非标"意见	"非标"意见	"非标"意见
成长性	—	0.528***	—	0.530***
	—	(26.00)	—	(26.12)
公司规模	—	-0.0113***	—	-0.0113***
	—	(-10.50)	—	(-10.44)
债务水平	—	4.363***	—	4.357***
	—	(37.09)	—	(37.05)
盈利水平	—	-18.890***	—	-18.82***
	—	(-21.73)	—	(-21.66)
年份效应	—	-0.0622***	—	-0.0619***
	—	(-7.31)	—	(-7.33)
行业效应	—	-0.163***	—	-0.160***
	—	(-10.12)	—	(-9.93)
常数项	-2.364***	1.2020***	-2.401***	1.1960***
	(-149.18)	(7.04)	(-189.54)	(7.06)
伪 R^2	0.0043	0.2433	0.0038	0.2438
样本数量	51444	42844	82032	42844

注:**、***分别表示在5%、1%的水平下显著。

(二)否定意见、"非标"意见对违规处罚的回归分析

上述分析证明,独立董事否定意见不能够显著增加"非标"意见,反而是公司治理和公司经营的其他因素对"非标"意见产生显著影响。既然否定意见无法对"非标"意见产生显著影响,那么否定意见对违规处罚能否产生显著影响?"非标"意见及二者交乘项对违规处罚产生什么样影响呢?

下面将通过回归分析方法,考察"非标"意见、否定意见及二者交乘项如何影响违规处罚。表5-7中模型1、模型2和模型3

分别表示无控制变量下"非标"意见与广义否定意见对违规处罚的影响;增加控制变量下"非标"意见与广义否定意见对违规处罚的影响;增加控制变量下"非标"意见、广义否定意见与交乘项对违规处罚的影响。

表 5-7　否定意见、"非标"意见与违规处罚

变量名称	模型 1	模型 2	模型 3
	违规处罚	违规处罚	违规处罚
广义否定意见	1.299***	0.0317	-0.511**
	(36.48)	(0.23)	(-2.41)
"非标"意见	1.271***	1.054***	1.024***
	(35.15)	(22.35)	(21.46)
"非标"意见与广义否定意见交乘项	—	—	1.335***
	—	—	(4.39)
二职合一		0.167***	0.162***
		(4.48)	(4.32)
董事会规模		-0.0630***	-0.0632***
		(-5.09)	(-5.10)
独立董事比例		-2.607***	-2.574***
		(-6.02)	(-5.94)
高管薪酬		-0.0007***	-0.0007***
		(-8.51)	(-8.52)
专业委员会数量		-0.0561**	-0.0562**
		(-2.12)	(-2.12)
社会关联		-0.0779**	-0.0740**
		(-2.57)	(-2.44)
第一大股东持股比例		-0.0141***	-0.0141***
		(-11.74)	(-11.71)
成长性		-0.0100	-0.0073
		(-0.63)	(-0.46)
公司规模		-0.0023***	-0.0023***
		(-4.12)	(-4.07)

续表

变量名称	模型 1	模型 2	模型 3
	违规处罚	违规处罚	违规处罚
债务水平	—	0.309***	0.306***
	—	(3.77)	(3.72)
盈利水平		-3.3940***	-3.3528***
		(-5.84)	(-5.77)
年份效应		0.156***	0.164***
		(24.78)	(25.67)
行业效应	—	-0.0224*	-0.0015
		(-1.86)	(-0.13)
常数项	-2.105***	-314.1***	-328.3***
	(-141.27)	(-24.81)	(-25.70)
伪 R^2	0.0298	0.0472	0.0617
样本数量	51444	42844	42844

注:*、**、***分别表示在10%、5%和1%的水平下显著。

关于否定意见影响分析。从模型 1 可知,独立董事否定意见将显著增加公司违规处罚概率,当模型 2 增加控制变量后,这种影响变得不显著了,说明引起公司违规处罚主要是公司治理和公司经营方面的因素,否定意见本身所起作用非常有限。从模型 3 进一步增加否定意见与"非标"意见交乘项后,否定意见对公司违规处罚概率显著降低。也就是说,独立董事出具否定意见不能有助于监管当局发现问题进而处罚违规行为。而出具否定意见更可能出于规避风险,存在与上市公司合谋嫌疑,从而使广义否定意见反而抑制违规处罚。

关于"非标"意见影响分析。从模型 1、模型 2 和模型 3 可知,"非标"意见均在1%水平下显著提高公司违规处罚概率,所以"非标"意见显著增加公司违规处罚概率的结果是稳健的,同时表明会计师事务所能够更好地起到独立监督作用,也有助于监管当局发现上市公司存在问题并对其进行处罚。

关于二者交乘项影响分析。从模型3可知,"非标"意见与否定意见交乘项是显著为正的。也就是说,当公司既被出具"非标"意见又被出具否定意见时将显著增加违规处罚概率。从对违规处罚具体影响看,交乘项的影响高出"非标"意见的30.71%,协同监督的作用远高于独立董事单独监督行为。所以,虽然单纯的独立董事否定意见对违规处罚影响有限,但是否定意见和"非标"意见的双重信号将大大增加违规处罚概率,协同监督的效果显著。

第四节　"非标"意见先行与否定意见先行稳健性检验

一、"非标"意见先行潜在违规路径的稳健性检查

"非标"意见和否定意见都从不同角度指出公司存在问题,"非标"意见是针对财务报表的意见,广义否定意见是对公司具体议案事项的意见。而违规处罚类型包括虚构利润、列资产、虚假记载(误导性陈述)、推迟披露、重大遗漏、披露不实(其他)、欺诈上市、出资违规、擅自改变资金用途、占用公司资产、内幕交易、违规买卖股票、操纵股价、违规担保和一般会计处理不当。其中,具体经营和操作违规行为(内幕交易、违规买卖股票和操纵股价等),会计师事务所和独立董事都很难发现,也很难对其发表意见。所以"非标"意见和广义否定意见对不同违规行为起到监督作用不同,同时也将影响"非标"意见和广义否定意见与违规处罚之间的

因果关系。为此,因为会计师事务所和独立董事对违规担保能够直接进行观察和监督,本部分把违规处罚内容仅限于担保违规,这样可以使"非标"意见、广义否定意见与担保违规间具有更强的因果关系。

表 5-8 "非标"意见、广义否定意见与担保违规

变量名称	模型 7	模型 8
	担保违规处罚	担保违规处罚
"非标"意见	1.453***	1.299***
	(37.17)	(25.04)
广义否定意见	0.0663	−0.299
	(0.56)	(−1.49)
"非标"意见与广义否定意见交乘项	—	0.954***
	—	(2.95)
二职合一	—	0.0426
	—	(0.93)
董事会规模	—	−0.0643***
	—	(−4.26)
独立董事比例	—	−3.150***
	—	(−5.96)
高管薪酬	—	−0.0006***
	—	(−5.60)
专业委员会数量	—	0.0247
	—	(0.77)
社会关联	—	−0.0416
	—	(−1.14)
第一大股东持股比例	—	−0.0090***
	—	(−6.22)
成长性	—	−0.0723***
	—	(−3.77)
公司规模	—	−0.0055***
	—	(−7.80)

续表

变量名称	模型7	模型8
	担保违规处罚	担保违规处罚
债务水平	—	0.179*
	—	(1.83)
盈利水平	—	−5.124***
	—	(−7.32)
年份效应	—	0.137***
	—	(18.06)
行业效应	—	0.0692***
	—	(4.52)
常数项	−2.568***	−275.5***
	(−142.58)	(−18.13)
伪 R^2	0.0386	0.0680
样本数量	51421	42825

注:*、***分别表示在10%、1%的水平下显著。

从上述回归结果看,"非标"意见与广义否定意见对违规担保的影响与前面研究结论保持一致,见表5-8。具体来看,"非标"意见在1%水平下显著增加违规处罚概率,而广义否定意见本身并不增加公司违规处罚概率,但是当会计师事务所和独立董事都质疑上市公司存在问题时,上市公司违规处罚概率在1%水平下显著增加。

二、否定意见先行的潜在违规处罚的路径

从上述分析可知,否定意见对违规处罚的影响不稳定或不显著,可能由于独立董事不是明确反对或提出异议。这样造成的监督效果大打折扣,从而对违规处罚影响不显著。所以,下面用明确否定意见考察对"非标"意见影响,同时考察对违规处罚影响。明确否定意见(Opinion),是指反对或提出异议的意见类型。表5-9中模

型 1 表示明确否定意见、"非标"意见和二者交乘项对违规处罚影响的回归结果;模型 2 表示在模型 1 基础上增加控制变后对违规处罚影响的回归结果。从模型 1 可知,明确否定意见对违规处罚影响不显著,而"非标"意见对违规处罚在 1% 水平下显著为正,同时二者的交乘项影响为正,统计上不显著。从模型 2 可知,在增加控制变量后,二者的交乘项对违规处罚的影响在 5% 水平下显著为正。结果表明,即使明确否定意见对违规处罚的影响依然不显著,但是明确否定意见与"非标"意见交乘影响对违规处罚影响远超"非标"意见本身影响。该结论与广义否定意见的相关结论基本一致。

表 5-9　明确否定意见、"非标"意见与违规处罚

变量名称	模型 1	模型 2
	违规处罚	违规处罚
违规处罚	—	—
明确否定意见	−0.0008	−0.2250
	(−0.00)	(−0.30)
"非标"意见	0.7290***	0.9620***
	(34.60)	(20.77)
"非标"意见与明确否定意见交乘项	0.1300	2.362**
	(0.37)	(2.18)
二职合一	—	0.200***
	—	(5.42)
董事会规模	—	−0.111***
	—	(−9.22)
独立董事比例	—	−2.312***
	—	(−5.39)
高管薪酬	—	0.0001
	—	(0.18)
专业委员会数量	—	0.162***
	—	(6.54)

续表

变量名称	模型 1	模型 2
	违规处罚	违规处罚
社会关联	—	0.00706
	—	(0.24)
第一大股东持股比例	—	−0.0148***
	—	(−12.43)
成长性	—	0.0537***
	—	(3.49)
公司规模	—	−0.0005
	—	(−0.84)
债务水平	—	0.180**
	—	(2.20)
盈利水平	—	−5.499***
	—	(−9.52)
行业效应与年份效应	—	是
常数项	−1.236***	−0.384
	(−160.09)	(−1.48)
伪 R^2	0.0297	0.0450
样本数量	51444	42844

注：**、***分别表示在5%、1%的水平下显著。

从表5-9可以看出,明确否定意见对违规处罚的影响是不积极的,但是统计不显著。这说明,虽然独立董事率先出具否定意见,但是本身对于监管机构查处违规的帮助有限,更多借助"非标"意见来提高违规处罚概率。二者的交乘项对违规处罚影响比单纯的"非标"意见影响大(2.362>0.962)。这说明,通过外部监督和内部监督交乘作用,能够产生更强监督效果。实证结果显示"非标"意见在整个监督过程所起作用显著大于否定意见,说明公司内部监督机制急需完善,强化内部监督在整个监督体系中的基础性作用。

本章尝试探析公司外部监督("非标"意见)与内部监督(否定意见)在违规处罚中的作用机制。为了更好地识别"非标"意见与否定意见对违规处罚的因果关系,从"非标"意见先行潜在违规处罚路径和否定意见先行潜在违规处罚路径出发,分析"非标"意见、否定意见及二者交乘效应对违规处罚的影响。基于我国上市公司的相关监督数据,从"非标"意见与否定意见不同发生路径证实"非标"意见与否定意见在违规处罚中作用机制,探究内外监督对违规处罚的真实路径。

在"非标"意见先行潜在违规处罚路径下,本章发现,第一,"非标"意见能够激励或督促独立董事履行监督职能,显著提高出具否定意见概率,而且能够显著提高公司违规处罚概率。当公司被出具"非标"意见时,向市场发出的公司潜在违规的信号,不仅影响独立董事监督行为而且影响监管机构行为,所以具有很好的信号传递机制(Signal)。第二,在"非标"意见影响下,广义否定意见对违规处罚的影响相当有限或不确定,所以独立董事出于规避法律处罚动机采用变通或模糊方式提出否定意见,这样使否定意见难以提供有效信息,所以对监管机构查处违规行为帮助有限。但是,当独立董事出具狭义否定意见时,能够显著提高违规处罚概率。这说明,只有独立董事出具信息含量更多和更明确的否定意见才能够对监督起到实际作用。这提示政策制定要更加细致的独立董事行为规则和明确其责任和法律边界,避免通过出具语焉不详的否定意见来规避责任。第三,在"非标"意见下,虽然否定意见本身所起作用有限,但是能够起到对"非标"意见所提问题的一个佐证,所以二者协同效应显著增加违规处罚概率。为了可以更好地发挥内外监督的协同作用,可以由独立董事组成小组来推荐和提议上市公司聘请的会计师事务所,这样既可以避免大股东或实际控制人购买审计意见,也可以加强会计师事务所和独立董事之间沟通和信息共享,从而能够强化监督效果和提高监督效率。

所以在"非标"意见先行的潜在违规路径中,"非标"意见使独立董事更加谨慎对待公司存在问题和潜在违规行为,为规避"东窗事发"后的法律处罚和声誉损失,显著增加出具否定意见概率;狭义否定意见显著增加违规处罚概率而广义否定意见(其他意见)信息含量有限和晦涩使得对违规处罚影响不显著;"非标"意见显著增加违规概率,而且与否定意见的协同监督作用效果显著,这说明"非标"意见在一定程度上是公司违规处罚的信号。

在否定意见先行的违规处罚路径下,本章发现,第一,广义否定意见对"非标"意见影响不显著,而狭义否定意见显著增加出具"非标"意见的概率。这说明,只有独立董事明确指出公司所存在的问题才能起到实际监督作用,而对相关事项说明的其他意见所含信息有限,难以显著影响注册会计师出具"非标"意见。第二,"非标"意见显著增加公司违规处罚概率,所以"非标"意见是公司潜在违规的重要信号。虽然广义否定意见降低违规处罚概率(统计不显著),但是当公司既被出具否定意见后又被出具"非标"意见时,公司违规处罚概率显著上升。虽然广义否定意见有时提供的信息含量有限,但是广义否定意见仍然表示公司存在问题和潜在违规风险,所以,否定意见与"非标"意见的交乘验证向外界传递强烈的违规风险信号,从而引起监管机构高度关注、介入和查处违规行为。所以,在否定意见先行的潜在违规路径下,独立董事由于独立董事势单力薄,仅拥有某些象征性职权(郑春美和李文耀,2011),否定意见难以对违规处罚起主导作用,而与"非标"意见协同监督作用,能使违规处罚概率显著提高。从一定程度上说,出具"非标"意见意味着发出潜在违规的信号,而否定意见与"非标"意见的协同效应将进一步提高违规处罚概率。

结　束　语

通过上面章节内容对独立董事监督有了更加深入的认识,为了更加清晰地掌握本书的主要思想观点、研究贡献和政策含义,下面进行系统总结。

一、主要思想观点

本书聚焦独立董事出具否定意见问题,从影响因素和经济后果两方面对上述问题展开深入研究。影响独立董事出具否定意见的因素众多,比如业绩、债务水平、公司规模、独立董事比例、董事长是否兼任 CEO、与董事长(CEO)关系、职业背景、年龄和性别等,但是本书在控制上述因素后,重点考察了监督过程中的议案事项、行动类型及公司违规等对出具否定意见的影响。同时,对出具否定意见的独立董事连任情况进行考察,对于连任的考察可以有效剔除独立董事主观不愿意再做的独立董事情况的影响。下面将从议案事项、公司违规和连任三方面总结各部分的研究内容。

（一）关于议案事项与否定意见的研究

第一，独立董事对明确监管事项出具否定意见概率低，而对非明确监管事项出具否定意见概率高。对于证监会明确要求发表意见的人事变动、薪酬事项和关联交易事项，独立董事往往更加不愿意出具否定意见。在"任人唯亲"（郑志刚等，2012）和"一股独大"的环境下，由于明确监管事项发生频率高、市场反应强烈和更容易与实际控制人发生激烈冲突，所以独立董事对其出具否定意见的意愿和概率低。而非明确监管事项涉及内容众多且不是明确监管重点，所以独立董事对其出具否定意见的概率相对较高。

第二，股权分置改革后，独立董事对议案事项出具否定意见的概率更低。股权分置改革后，大小股东有共同的利益基础和市场压力变大，实际控制人更加关注市场反应，而否定意见的发表将对上市公司股价产生强烈冲击，所以实际控制人更加难以容忍否定意见的出现。独立董事出于财富损失和席位丢失等考量（唐雪松等，2010），独立董事出具否定意见的概率更低。股权分置改革对提高独立董事监督作用并没有达到预期作用，反而使监督作用产生一定程度弱化。

第三，股权分置改革后，独立董事对明确监管事项出具否定意见的概率相对增加，而对非明确监管事项的出具否定意见的概率相对减少。尽管股权分置改革后，对议案事项出具否定意见的概率大大降低，但是在各议案事项内部，独立董事对明确监管事项出具否定意见概率相对增加。股权分置改革后独立董事对议案事项出具否定意见出具否定意见，更多出于规避法律风险而为之。由于明确监管事项更加受到监管层和市场关注，所以独立董事为了避免"丑闻曝光"后带来的法律风险和声誉损失,对明确监管事项出具否定意见概率相对较高。同时,由于非明确监管事项没有明确要求发表意见和涉及内容众多,所以独立董事面临的潜在法律风险低,从而出具否定意见概率相对较低。

(二)关于公司违规与否定意见的研究

第一,公司违规发生将使独立董事出具否定意见概率显著增加,违规次数增加时,否定意见数量增加。也就是违规发生即使还没有被处罚,独立董事能够出具否定意见抑制可能带来的负面影响,能够起到一定的监督作用。这与唐雪松等(2013)的研究结果保持一致。虽然我国上市独立董事的监督职能受到质疑和嘲讽,但是独立董事仍然发挥一定的监督作用。如果没有独立董事监督,我国上市公司治理要比现在更差。

第二,被会计师事务所出具"非标"意见后,独立董事出具否定意见概率显著增加。当潜在违规行为——被出具"非标"意见后,独立董事更关注和重视公司存在问题,从而出具否定意见纠正和解决相应问题。当有市场第三方指出公司存在问题时,这时监管方和其他市场主体已经获悉相关信息,独立董事就不能纵容违规发生(邓可斌和周小丹,2012),而是出具否定意见向市场传递积极信号。虽然独立董事势单力薄,但是当有第三方力量进行监督时,独立董事监督效果更好、监督作用更强。

第三,尽管独立董事能够起到一定监督作用,但是主动监督不足,更可能是消极被动之举。通过比较违规处罚公告前后三年否定意见均值,分析实际违规发生与违规处罚公告时,独立董事监督行为差异。通过否定意见均值差异检验和违规公告前后对否定意见影响的回归分析,发现独立董事更倾向违规公告公布之后出具否定意见,而实际违规时否定意见数量相对较少,从而证实独立董事能够起到一定的监督作用,但是更可能是消极被动的自保之举。

第四,"逆淘汰"公司违规时,独立董事倾向不出具否定意见。虽然独立董事通过出具否定意见对违规事件进行抑制和揭发,但是面临明确被淘汰风险时,独立董事倾向不出具否定意见。也就是当公司治理很差时,独立董事不能够勇于承担监督职责而更多选择对违规事件默认。所以,当存在"逆淘汰"效应时,独立董事监督作用将大打折扣。

(三)关于否定意见与连任的研究

第一,发表否定性意见将显著降低独立董事任期届满连任的概率,无论否定意见是以何种具体方式提出。因而本书从第一任期届满连任的角度支持了以往文献所持的在我国上市公司独立董事更迭存在"逆淘汰"机制的观点。本书的研究由此提醒公司治理的理论界和实务界需要深刻反思出现上述"逆淘汰"机制的制度和文化根源,以切实提高我国上市公司独立董事制度的有效性。

第二,尽管独立董事明确发表反对意见将显著降低其连任概率,但当独立董事以发表保留意见和无法表达意见这两种相对委婉的表达否定意见方式提出否定意见时,不仅不会降低,反而会增加其连任的概率。因而,出具否定意见的方式有时比否定意见本身更加重要。

第三,不同议案事项对独立董事连任的影响是不同的。具体而言,如果独立董事的否定性意见事关年度报告、关联交易和贷款担保等事项,由于上述事项往往是监管重点和合规性要求,内部控制人对独立董事出具否定性意见有充分的预期和心理准备,因而对独立董事未来连任不会造成太大的影响;对审计事项和资产变动事项独立董事出具否定意见不仅不会降低反而增加了独立董事连任概率。这与独立董事在上述事项中出具否定性意见将很好地体现独立董事的专业素养,帮助包括控股股东在内的内部控制人发现管理漏洞,体现控股股东的意志和维护控股股东的利益有关。但对于事涉个人升迁较为敏感的人事任免,独立董事出具否定意见则会遭受实际控制人的"打击报复",显著降低其未来连任的可能性。所以,即使同样是否定性意见,但由于涉及的议案事项不同,独立董事下届连任的概率大小也不尽相同。

第四,在出具否定意见本身将使独立董事连任可能性降低的基础上,如果是独立董事集体行动,则其未来获得连任的可能性进一步降低。这在一定程度上与独立董事集体出具否定意见会引起实际控制人更多的警觉和不安有关。因而,对于独立董事未来是否获得连任的问题,虽然是否出具否定意见很重要,但是否集体出具否定意见同样重要。

第五,董事会议案的具体事项不仅会直接影响否定性意见的出具与独立董事未来连任的可能性的关系,而且会通过影响集体行动或单独行动来间接影响二者的关系。因此,董事会议案的具体事项这一"内容"是影响具体"形式"选择(集体行动还是单独行动)更为重要根本的因素,尽管"形式"的选择(否定性意见的具体类型,以及是否集体行动)对于独立董事是否获得连任这一最终结果十分重要。

以上结论提醒监管当局应该为独立董事未出具否定意见的相

关法律风险提供更加明确的指引,避免政策不明,将有利于独立董事更好地履行监督职能。

二、主要贡献

(一)关于议案事项与否定意见部分的潜在贡献

第一,不同于以往文献从独立董事监督对独立董事个人或公司造成的经济后果等视角考察了独立董事行为,本书实证考察了独立董事监督过程中具体议案事项对监督行为的影响,是对监督行为进一步深入研究。同时,根据中国监管制度要求,把监督的议案事项分为明确监督议案事项和非明确监督议案事项,考察外生政策如何对独立董事监督行为产生影响。本书证实,对于明确监管议案事项,独立董事出具否定意见的概率低,而对非明确监管议案事项,独立董事出具否定意见的概率高。

第二,本书进一步考察了股权分置改革对独立董事议案事项出具否定意见的影响。与现有文献分析股权分置改革对市场波动性(谢世清等,2010)、高管薪酬(陈胜蓝等,2012)、信息披露(张学勇和廖理,2010)影响不同,本书考察股权分置改革对独立董事行为的影响,可以系统分析独立董事监督的影响机理。本书首次证实股权分置改革后,独立董事对各议案事项出具否定意见的概率下降,也就是独立董事对各议案事项更加倾向于不出具否定意见。

第三,本书考察了股权分置改革后,对明确监管事项和非明确监管事项独立董事出具否定意见变化情况。本书证实股权分置改革后,对明确监管事项提出否定意见的概率相对增加,而对非明确监管事项提出否定意见的概率相对减少。这说明,独立董事在公司问题严重是更倾向于对重点监管事项出具否定意见,这样可以规避潜在的法律风险。

(二)关于公司违规与否定意见部分潜在的贡献

第一,不同于以往文献使用独立董事占比分析如何影响违规发生,本书针对监督行为(出具否定意见)考察其与公司违规之间的关系,避免逻辑链条太长和作用机制不明等。由于违规事件内涵丰富,对其进行考察可以全面体现独立董事在公司治理中的监督作用。

第二,本书考察了独立董事监督行为如何影响潜在违规行为——"非标"意见。会计师事务所出具"非标"意见意味着向独立董事揭示公司可能存在的问题。也就是说,有违规线索时,独立董事如何履行监督职能,是积极监督还是默许纵容?本书证实当出具"非标"意见时,独立董事出具否定意见概率显著增加。当有第三方提供公司存在问题线索时,独立董事能够积极发挥监督功能。

第三,本书考察了独立董事监督行为是积极主动而为,还是消极被动之举。本书考察了在违规的不同时期,独立董事监督行为有何变化。令违规实际发生到违规处罚公告公布前为一个时期,而违规处罚公告公布后为另一个时期。当独立董事出具否定意见概率在前一个时期较高,表明独立董事积极主动监督出具否定意见,抑制违规产生不良影响和有助于违规被发现和受到处罚。而当独立董事出具否定意见概率在后一个时期较高时,表明独立董事并没有勤勉监督,其监督行为更可能为规避法律风险的自保之举。本书证实在违规公告发表之后,独立董事出具否定意见显著高于违规公告公布前,证实独立董事监督行为是消极被动之举,独立董事监督机制有待于进一步改善。

第四,本书考察了"逆淘汰"公司违规时,独立董事能否有效履行监督职能。对"逆淘汰"公司违规进行监督,独立董事将面临明确丢掉董事席位的风险。虽然对违规事件视而不见或默认可能面临法律风险,但是面临的风险和处罚却是不确定的。考察在此种情形下独立董事监督职能如何履行,本书证实"逆淘汰"公司违规时独立董事出具否定意见概率是显著降低的。所以,在"逆淘汰"公司和"任人唯亲"董事会文化下,独立董事出于理性考虑常常难以起到有效的监督职责。

三、关于出具否定意见与连任部分的贡献

第一,不同于以往文献从支持高管获得超额薪酬、出具否定意见的独立董事在一年内离职情况、出具否定意见的独立董事在第一任期内离职(W. Jiang, H. Wan, S. Zhao, 2016)等视角考察独立董事行为的经济后果,本书实证考察了独立董事出具否定意见对独立董事第一任期届满后是否获得连任的影响,从新的角度为我国上市公司独立董事更迭中存在"逆淘汰"机制和"任人唯亲"的董事会文化提供了新的证据,构成了对以往文献新的补充和扩展。

第二,本书在考察了出具否定意见对独立董事未来连任的一般效应后,进一步考察了非赞成意见的具体类型对独立董事第一任期结束后连任的影响。在唐雪松等(2010)的研究中,将除了"赞成"或"其他"类型的投票意见定义为否定意见,进而考察了独立董事出具否定意见是否将提高一年内离职的概率。实际上,在

我国上市公司的公司治理中,独立董事对董事会议案发表的实际意见类型则包括"赞成""反对""弃权""保留意见""无法发表意见""提出异议"和"其他"等多种。而叶康涛等(2011)基于广济药业的案例分析指出,独立董事出具类型为"其他"的独立意见也带有明显的否定意味。因而我们需要进一步考察非赞成意见的具体类型对独立董事连任的影响。本书以第一任期届满后独立董事是否获得连任为评价标准,首次实证考察了非赞成意见的具体类型的经济后果,为非赞成意见的具体类型的相关效应存在差异提供了较早的证据。

第三,本书实证考察了董事会议案事项的不同类型对独立董事出具否定意见与连任关系影响。独立董事发表意见的事项可以分为人事变动、高管薪酬、年度报告(财务报告、利润分配、报告修改补充等)、关联交易、担保事项、投资收购、审计事项、股权变动、募集资金、资产变动和其他事项等。不同董事会议案事项所涉及的对公司实际内部控制人的影响程度不同。因此,虽然同样发表的是否定性意见,但由于议案事项的不同,而导致独立董事未来连任可能性同样存在差异。毕竟这些内部控制人将对独立董事未来连任产生举足轻重的影响。例如,由于涉及外部性等问题,监管机构往往对董事会中的关联交易事项和担保事项等提出具体监督意见,并以此作为未来公司违规后对独立董事责任认定的重要依据。如果出于规避监管刚性约束,出具否定意见后仍有可能得到大股东或实际控制人的谅解,不会对未来连任产生根本性影响;反之,如果独立董事针对大股东或实际控制人敏感的事项(涉及当事人的人事任免等),则会引起当事人的敌视和打击报复,从而将显著降低其未来连任的概率。故而,虽然同是出具否定意见,但由于董事会议案事项的不同,独立董事是否连任的结果存在差异。就我们有限的知识,本书以独立董事出具否定意见与未来连任的关系为研究场景,首次实证考察了董事会议案事项的不同类型的相关效应,为董事会议案具体事项的相关效应存在差异提供了较早的证据。

第四,本书进一步考察独立董事是否集体说"不"对其未来连任的影响。利用我国上市公司独立董事对议案发表意见的数据,我们观察到,对一些议案的否定性意见的发表是某一独立董事单独行动的结果,而有些议案否定性意见的提出则是超过一位独立董事集体行动的结果。本书的研究发现,相对于单独行动而言,独立董事集体行动出具否定意见将降低连任的可能性。这一结果的出现,在一定程度上与独立董事集体出具否定意见,可能阻止该议案通过(如果董事会成员异议超过 33% 以上则一项议案无法通过),使内部实际控制人变得恼羞成怒有关。另外,独立董事集体出具否定意见显然会引起实际控制人更多的警觉和不安。利用其在独立董事连任的影响力,实际控制人使出具否定意见的独立董事在第一任期届满时离职的可能性增加。与集体行动相比,个人单独出具否定意见更多体现个人意愿,实际控制人的警觉程度和反应要淡得多。本书首次考察了独立董事是否集体说"不"的相关效应,为独立董事是否集体行动经济后果存在差异提供了较早的证据。

四、政策含义

关于议案事项与否定意见关系的研究表明,独立董事更倾向对明确监管事项出具否定意见,而对于非明确事项则出具否定意见概率较低,这说明,独立董事出具否定意见的监督行为主要的因素是外部制度的刚性约束。因此,监管层对独立董事需要对出具否定意见的议案事项进行详细说明并根据市场的变动进行动态调整,这样可以明确独立董事的责任边界和相应承担的责任,提高监督效率。股权分置改革后,独立董事出具否定意见的数量显著降低,而上市公司独立董事数量和公司违规次数却增加,表明独立董事履行监督职能尚须提高。科学明确独立董事在各议案事项和董事会运行中的法律责任,加大查处力度和惩罚力度,努力提高独立董事监督的效率和增强监督的自主性。

关于对公司违规与否定意见的关系的研究表明,当公司出现违规或被出具"非标"意见时,独立董事出具否定意见概率显著增加,能够履行一定监督职能;同时,独立董事在违规公告前出具否定意见意愿显著低于违规公告后,表明独立董事履行监督职能更多出于规避法律风险。所以监管层可以建立勤勉履职独立董事名单和履职不力的"红黑"名单制,并定期公布。对于多次进入"黑名单"的独立董事限制任职独立董事,对于多次进入"红名单"的独立董事推荐到公众股或国家股公司的任职独立董事,努力发挥声誉机制在独立董事治理机制中的作用。

关于对出具否定意见与连任关系的研究表明,由于受"逆淘汰"机制和"任人唯亲"董事会文化的影响,明确反对意见、针对内部人的事项和集体说"不"不容易连任。为了克服"逆淘汰"机制的负面影响,应该由独立董事的协会或主管部门对独立董事的履职情况进行定期考核,对于不尽职的独立董事限制其重新任职独立董事,这样独立董事的任命不仅受到公司实际控制人的完全影响,而且首先要没有"劣迹"和满足基本任职要求,减缓"逆淘汰"

机制的负面影响。为了避免"任人唯亲"董事会文化的不良影响，提倡董事会投票采取累积投票制度和中小股东联名推荐独立董事制度，从根本上保护中小股东的利益。

附录　关于在上市公司建立独立董事制度的指导意见①

为进一步完善上市公司治理结构,促进上市公司规范运作,现就上市公司建立独立的外部董事(以下简称独立董事)制度提出以下指导意见:

一、上市公司应当建立独立董事制度

(一)上市公司独立董事是指不在公司担任除董事外的其他职务,并与其所受聘的上市公司及其主要股东不存在可能妨碍其进行独立客观判断的关系的董事。

(二)独立董事对上市公司及全体股东负有诚信与勤勉义务。独立董事应当按照相关法律法规、本《指导意见》和公司章程的要求,认真履行职责,维护公司整体利益,尤其要关注中小股东的合法权益不受损害。独立董事应当独立履行职责,不受上市公司主要股东、实际控制人,或者其他与上市公司存在利害关系的单位或

_____

① 证监发〔2001〕102 号,中国证监会,www.csrc.gov.cn,2001 年 8 月 16 日。

个人的影响。独立董事原则上最多在 5 家上市公司兼任独立董事,并确保有足够的时间和精力有效地履行独立董事的职责。

(三)各境内上市公司应当按照本指导意见的要求修改公司章程,聘任适当人员担任独立董事,其中至少包括一名会计专业人士(会计专业人士是指具有高级职称或注册会计师资格的人士)。在 2002 年 6 月 30 日前,董事会成员中应当至少包括 2 名独立董事;在 2003 年 6 月 30 日前,上市公司董事会成员中应当至少包括三分之一独立董事。

(四)独立董事出现不符合独立性条件或其他不适宜履行独立董事职责的情形,由此造成上市公司独立董事达不到本《指导意见》要求的人数时,上市公司应按规定补足独立董事人数。

(五)独立董事及拟担任独立董事的人士应当按照中国证监会的要求,参加中国证监会及其授权机构所组织的培训。

二、独立董事应当具备与其行使职权相适应的任职条件

担任独立董事应当符合下列基本条件:

(一)根据法律、行政法规及其他有关规定,具备担任上市公司董事的资格;

(二)具有本《指导意见》所要求的独立性;

(三)具备上市公司运作的基本知识,熟悉相关法律、行政法规、规章及规则;

(四)具有五年以上法律、经济或者其他履行独立董事职责所必需的工作经验;

(五)公司章程规定的其他条件。

三、独立董事必须具有独立性

下列人员不得担任独立董事:

(一)在上市公司或者其附属企业任职的人员及其直系亲属、主要社会关系(直系亲属是指配偶、父母、子女等;主要社会关系是指兄弟姐妹、岳父母、儿媳女婿、兄弟姐妹的配偶、配偶的兄弟姐妹等);

(二)直接或间接持有上市公司已发行股份1%以上或者是上市公司前十名股东中的自然人股东及其直系亲属;

(三)在直接或间接持有上市公司已发行股份5%以上的股东单位或者在上市公司前五名股东单位任职的人员及其直系亲属;

(四)最近一年内曾经具有前三项所列举情形的人员;

(五)为上市公司或者其附属企业提供财务、法律和咨询等服务的人员;

(六)公司章程规定的其他人员;

(七)中国证监会认定的其他人员。

四、独立董事的提名、选举和更换应当依法、规范地进行

(一)上市公司董事会、监事会、单独或者合并持有上市公司已发行股份1%以上的股东可以提出独立董事候选人,并经股东大会选举决定。

(二)独立董事的提名人在提名前应当征得被提名人的同意。提名人应当充分了解被提名人职业、学历、职称、详细的工作经历和全部兼职等情况,并对其担任独立董事的资格和独立性发表意见,被提名人应当就其本人与上市公司之间不存在任何影响其独立客观判断的关系发表公开声明。

在选举独立董事的股东大会召开前,上市公司董事会应当按照规定公布上述内容。

(三)在选举独立董事的股东大会召开前,上市公司应将所有被提名人的有关材料同时报送中国证监会、公司所在地中国证监会派出机构和公司股票挂牌交易的证券交易所。上市公司董事会对被提名人的有关情况有异议的,应同时报送董事会的书面意见。

中国证监会在 15 个工作日内对独立董事的任职资格和独立性进行审核。对中国证监会持有异议的被提名人,可作为公司董事候选人,但不作为独立董事候选人。

在召开股东大会选举独立董事时,上市公司董事会应对独立董事候选人是否被中国证监会提出异议的情况进行说明。

对于本《指导意见》发布前已担任上市公司独立董事的人士,上市公司应将前述材料在本《指导意见》发布实施起一个月内报送中国证监会、公司所在地中国证监会派出机构和公司股票挂牌交易的证券交易所。

(四)独立董事每届任期与该上市公司其他董事任期相同,任期届满,连选可以连任,但是连任时间不得超过 6 年。

(五)独立董事连续 3 次未亲自出席董事会会议的,由董事会提请股东大会予以撤换。

除出现上述情况及《公司法》中规定的不得担任董事的情形外,独立董事任期届满前不得无故被免职。提前免职的,上市公司应将其作为特别披露事项予以披露,被免职的独立董事认为公司的免职理由不当的,可以作出公开的声明。

(六)独立董事在任期届满前可以提出辞职。独立董事辞职应向董事会提交书面辞职报告,对任何与其辞职有关或其认为有

必要引起公司股东和债权人注意的情况进行说明。

如因独立董事辞职导致公司董事会中独立董事所占的比例低于本《指导意见》规定的最低要求时,该独立董事的辞职报告应当在下任独立董事填补其缺额后生效。

五、上市公司应当充分发挥独立董事的作用

(一)为了充分发挥独立董事的作用,独立董事除应当具有公司法和其他相关法律、法规赋予董事的职权外,上市公司还应当赋予独立董事以下特别职权:

1. 重大关联交易(指上市公司拟与关联人达成的总额高于300万元或高于上市公司最近经审计净资产值的5%的关联交易)应由独立董事认可后,提交董事会讨论。

独立董事作出判断前,可以聘请中介机构出具独立财务顾问报告,作为其判断的依据。

2. 向董事会提议聘用或解聘会计师事务所。

3. 向董事会提请召开临时股东大会。

4. 提议召开董事会。

5. 独立聘请外部审计机构和咨询机构。

6. 可以在股东大会召开前公开向股东征集投票权。

(二)独立董事行使上述职权应当取得全体独立董事的二分之一以上同意。

(三)如上述提议未被采纳或上述职权不能正常行使,上市公司应将有关情况予以披露。

(四)如果上市公司董事会下设薪酬、审计、提名等委员会的,独立董事应当在委员会成员中占有二分之一以上的比例。

六、独立董事应当对上市公司重大事项发表独立意见

（一）独立董事除履行上述职责外，还应当对以下事项向董事会或股东大会发表独立意见：

1. 提名、任免董事；

2. 聘任或解聘高级管理人员；

3. 公司董事、高级管理人员的薪酬；

4. 上市公司的股东、实际控制人及其关联企业对上市公司现有或新发生的总额高于 300 万元或高于上市公司最近经审计净资产值的 5% 的借款或其他资金往来，以及公司是否采取有效措施回收欠款；

5. 独立董事认为可能损害中小股东权益的事项；

6. 公司章程规定的其他事项。

（二）独立董事应当就上述事项发表以下几类意见之一：同意；保留意见及其理由；反对意见及其理由；无法发表意见及其障碍。

（三）如有关事项属于需要披露的事项，上市公司应当将独立董事的意见予以公告，独立董事出现意见分歧无法达成一致时，董事会应将各独立董事的意见分别披露。

七、为了保证独立董事有效行使职权，上市公司应当为独立董事提供必要的条件

（一）上市公司应当保证独立董事享有与其他董事同等的知情权。凡须经董事会决策的事项，上市公司必须按法定的时间提前通知独立董事并同时提供足够的资料，独立董事认为资料不充分的，可以要求补充。当 2 名或 2 名以上独立董事认为资料不充

分或论证不明确时,可联名书面向董事会提出延期召开董事会会议或延期审议该事项,董事会应予以采纳。

上市公司向独立董事提供的资料,上市公司及独立董事本人应当至少保存5年。

(二)上市公司应提供独立董事履行职责所必需的工作条件。上市公司董事会秘书应积极为独立董事履行职责提供协助,如介绍情况、提供材料等。独立董事发表的独立意见、提案及书面说明应当公告的,董事会秘书应及时到证券交易所办理公告事宜。

(三)独立董事行使职权时,上市公司有关人员应当积极配合,不得拒绝、阻碍或隐瞒,不得干预其独立行使职权。

(四)独立董事聘请中介机构的费用及其他行使职权时所需的费用由上市公司承担。

(五)上市公司应当给予独立董事适当的津贴。津贴的标准应当由董事会制订预案,股东大会审议通过,并在公司年报中进行披露。

除上述津贴外,独立董事不应从该上市公司及其主要股东或有利害关系的机构和人员取得额外的、未予披露的其他利益。

(六)上市公司可以建立必要的独立董事责任保险制度,以降低独立董事正常履行职责可能引致的风险。

参考文献

[1]白重恩、刘俏、陆洲等:《中国上市公司治理结构的实证研究》,《经济研究》2005 年第 2 期。

[2]蔡宁、董艳华、刘峰:《董事会之谜——基于尚德电力的案例研究》,《管理世界》2015 年第 4 期。

[3]蔡志岳、吴世农:《我国上市公司信息披露违规的预警研究——基于财务、市场和治理视角》,《管理评论》2007 年第 1 期。

[4]曹伦、陈维政:《独立董事履职影响因素与上市公司违规行为的关系实证研究》,《软科学》2008 年第 11 期。

[5]陈工孟、高宁:《我国证券监管有效性的实证研究》,《管理世界》2005 年第 7 期。

[6]陈睿、王治、段从清:《独立董事“逆淘汰”效应研究——基于独立意见的经验证据》,《中国工业经济》2015 年第 8 期。

[7]陈胜蓝、卢锐:《股权分置改革、盈余管理与高管薪酬业绩敏感性》,《金融研究》2012 年第 10 期。

[8]陈伟民:《独立董事职业背景与公司业绩》,《管理世界》2009 年第 3 期。

[9]陈晓、王琨:《关联交易、公司治理与国有股权分置改革革——来自我国资本市场的实证证据》,《经济研究》2005年第4期。

[10]陈运森、谢德仁:《董事网络、独立董事治理与高管激励》,《金融研究》2012年第2期。

[11]陈运森、谢德仁:《网络位置、独立董事治理与投资效率》,《管理世界》2011年第7期。

[12]戴文涛、刘秀梅、曲京山:《我国上市公司的独立董事制度有作用吗?——基于一个外生政策冲击的检验》,《财经问题研究》2018年第11期。

[13]邓可、周小丹:《独立董事与公司违规:合谋还是抑制》,《山西财经大学学报》2012年第11期。

[14]杜巨澜、吕班尼、瑞·奥立弗:《董事会里谁才敢于提出反对的意见?》,《南大商学评论》2012年第1期。

[15]杜兴强、殷敬伟、赖少娟:《论资排辈、CEO任期与独立董事的异议行为》,《中国工业经济》2017年第12期。

[16]冯旭南、陈工孟:《什么样的上市公司更容易出现信息披露违规——来自中国的证据和启示》,《财贸经济》2011年第8期。

[17]高旭军:《"公司监督机制失衡症"和独立董事》,《南开学报》2003年第1期。

[18]耿建新、杨鹤:《我国上市公司变更会计师事务所情况的分析》,《会计研究》2001年第4期。

[19]韩钢、李随成:《我国上市公司独立董事监督机制有效性研究》,《财经理论与实践》2011年第5期。

[20]何贤杰、孙淑伟、朱红军、牛建军:《证券背景独立董事、

信息优势与券商持股》,《管理世界》2014 年第 3 期。

　　[21]胡奕明、唐松莲:《独立董事与上市公司盈余信息质量》,《管理世界》2008 年第 9 期。

　　[22]李常青、赖建清:《董事会特征影响公司绩效吗?》,《金融研究》2004 年第 5 期。

　　[23]李汉军、张俊喜:《上市企业治理与绩效间的内生性程度》,《管理世界》2006 年第 5 期。

　　[24]李俊强:《股权分置改革视角下独立董事对议案事项监督机制研究》,《南京审计大学学报》2018 年第 5 期。

　　[25]李俊强、郭幼佳:《独立董事说"NO"的影响因素研究评述》,《会计之友》2017 年第 16 期。

　　[26]李培功、沈艺峰:《媒体的公司治理作用:中国的经验证据》,《经济研究》2010 年第 4 期。

　　[27]李焰、秦义虎:《媒体监督、声誉机制与独立董事辞职行为》,《财贸经济》2011 年第 3 期。

　　[28]梁权熙、曾海舰:《独立董事制度改革、独立董事的独立性与股价崩盘风险》,《管理世界》2016 年第 3 期。

　　[29]刘诚、杨继东、周斯洁:《社会关系、独立董事任命与董事会独立性》,《世界经济》2012 年第 12 期。

　　[30]刘诚、杨继东:《独立董事的社会关系与监督功能——基于 CEO 被迫离职的证据》,《财经研究》2013 年第 7 期。

　　[31]刘春、李善民、孙亮:《独立董事具有咨询功能吗? ——异地独董在异地并购中功能的经验研究》,《管理世界》2015 年第 3 期。

　　[32]刘峰、贺建刚:《股权结构与大股东利益实现方式的选

择——中国资本市场利益输送的初步研究》,《中国会计评论》2004 年第 1 期。

[33]刘浩、唐松、楼俊:《独立董事:监督还是咨询?——银行背景独立董事对企业信贷融资影响研究》,《管理世界》2012 年第 1 期。

[34]卢溢洪、刘禄凯:《国内外独立董事研究综述》,《生产力研究》2009 年第 1 期。

[35]陆瑶、李茶:《CEO 对董事会的影响力与上市公司违规犯罪》,《金融研究》2016 年第 1 期。

[36]罗进辉、向元高、林筱勋:《本地独立董事监督了吗?——基于国有企业高管薪酬视角的考察》,《会计研究》2018 年第 7 期。

[37]马如静、蒙小兰、唐雪松:《独立董事兼职席位的信号功能——来自 IPO 市场的证据》,《南开管理评论》2015 年第 4 期。

[38]宁向东、张颖:《独立董事能够勤勉和诚信地进行监督吗——独立董事行为决策模型的构建》,《中国工业经济》2012 年第 1 期。

[39]彭凯、孙茂竹、胡熠:《连锁董事具有实质独立性吗?——基于投资者市场反应的视角》,《中国软科学》2018 年第 9 期。

[40]全怡、姚振晔:《法律环境、独董任职经验与企业违规》,《山西财经大学学报》2015 年第 9 期。

[41]单华军:《内部控制、公司违规与监管绩效改进——来自 2007—2008 年深市上市公司的经验证据》,《中国工业经济》2010 年第 11 期。

[42]唐清泉、罗党论、王莉:《上市公司独立董事辞职行为研究——基于前景理论的分析》,《南开管理评论》2006年第1期。

[43]唐雪松、申慧、杜军:《独立董事监督中的动机——基于独立意见的经验证据》,《管理世界》2010年第9期。

[44]万良勇、邓路、郑小玲:《网络位置、独立董事治理与公司违规——基于部分可观测 Bivariate Probit 模型》,《系统工程理论与实践》2014年第12期。

[45]王兵:《独立董事监督了吗?——基于中国上市公司盈余质量的视角》,《金融研究》2007年第1期。

[46]王雪青:《透析103份年报"非标意见"》,《上海证券报》2016年5月3日。

[47]王跃堂、赵子夜、魏晓雁:《董事会的独立性是否影响公司绩效?》,《经济研究》2006年第5期。

[48]魏刚、肖泽忠、尼克·特拉夫罗斯、邹宏:《独立董事背景与公司经营绩效》,《经济研究》2007年第3期。

[49]谢世清、邵宇平:《股权分置改革对中国股市波动性与有效性影响的实证研究》,《金融研究》2011年第2期。

[50]辛清泉、黄曼丽、易浩然:《上市公司虚假陈述与独立董事监管处罚——基于独立董事个体视角的分析》,《管理世界》2013年第5期。

[51]邢秋航、韩晓梅:《独立董事影响审计师选择吗?——基于董事网络视角的考察》,《会计研究》2018年第7期。

[52]叶康涛、曹丰、王化成:《内部控制信息披露能够降低股价崩盘风险吗?》,《金融研究》2015年第2期。

[53]叶康涛、陆正飞、张志华:《独立董事能否抑制大股东的

"掏空"?》,《经济研究》2007 年第 4 期。

[54]叶康涛、祝继高、陆正飞、张然:《独立董事的独立性:基于董事会投票的证据》,《经济研究》2011 年第 1 期。

[55]尹筑嘉、曾浩、毛晨旭:《董事网络缓解融资约束的机制:信息效应与治理效应》,《财贸经济》2018 年第 11 期。

[56]于东智、王化成:《独立董事与公司治理:理论、经验与实践》,《会计研究》2003 年第 8 期。

[57]于晓强、刘善存:《治理结构与信息披露违规行为——来自我国 A 股上市公司的经验证据》,《系统工程》2012 年第 6 期。

[58]张学勇、廖理:《股权分置改革、自愿性信息披露与公司治理》,《经济研究》2010 年第 4 期。

[59]赵德武、曾力、谭莉川:《独立董事监督力与盈余稳健性——基于中国上市公司的实证研究》,《会计研究》2008 年第 9 期。

[60]赵子夜:《"无过"和"有功":独立董事意见中的文字信号》,《管理世界》2014 年第 5 期。

[61]赵子夜:《业务复杂度、股权制衡和独立董事行业监督力》,《经济科学》2006 年第 5 期。

[62]郑春美、李文耀:《基于会计监管的中国独立董事制度有效性实证研究》,《管理世界》2011 年第 3 期。

[63]郑国坚、林东杰、张飞达:《大股东财务困境、掏空与公司治理的有效性——来自大股东财务数据的证据》,《管理世界》2013 年第 5 期。

[64]郑路航:《"名人"独立董事履行职责状况分析——来自中国上市公司的证据》,《中南财经政法大学学报》2011 年第 3 期。

[65]郑志刚、吕秀华:《董事会独立性的交互效应和中国资本市场独立董事制度政策效果的评估》,《管理世界》2009 年第 7 期。

[66]郑志刚、孙娟娟、鲁伊·奥利弗:《任人唯亲的董事会文化和经理人超额薪酬问题》,《经济研究》2012 年第 12 期。

[67]郑志刚、李俊强、黄继承、胡波:《独立董事否定意见发表与换届未连任》,《金融研究》2016 第 12 期。

[68]郑志刚、郑建强、李俊强:《任人唯亲的董事会文化与公司治理——一个文献综述》,《金融评论》2016 年第 5 期。

[69]支晓强、童盼:《盈余管理、控制权转移与独立董事变更——兼论独立董事治理作用的发挥》,《管理世界》2005 年第 11 期。

[70]祝继高、叶康涛、陆正飞:《谁是更积极的监督者:非控股股东董事还是独立董事?》,《经济研究》2015 年第 9 期。

[71]祝继高、饶品贵、鲍明明:《股权结构、信贷行为与银行绩效——基于我国城市商业银行数据的实证研究》,《金融研究》2012 年第 7 期。

[72]B. Adams, D. Ferreira, "A theory of Friendly Boards", *The Journal of Finance*, 2007.

[73]M. Adams, W. Jiang, "Do Outside Directors Influence the Financial Performance of Risk-Trading Firms? Evidence from the United Kingdom Vol. 64, No. 64, UK Insurance Industry", *Journal of Banking & Finance*, Vol. 64, 2016.

[74]R. A. Adams, D. Ferreira, "Women in the Boardroom and their Impact on Governance and Performance", *Journal of Financial Economics*, Vol. 94, No. 2, 2009.

［75］R. Adams，B. Hermalin，M. Weisbach，"The Role of Boards of Directors in Corporate Governance：A Conceptual Framework and Survey"，*Journal of Economic Literature*，Vol. 48，2010.

［76］R. Adams，D. Ferreira，"A Theory of Friendly Boards"，*Journal of Finance*，Vol. 62，No. 1，2007.

［77］I. A. Alhaji，M. I. Baba，F. Wan，"The Relationship between Independent Non-Executive Directors and Audit Committee on Firm Performance Among Malaysian Listed Companies"，*Abstract of Economic Finance & Management Outlook*，Vol. 1，2013.

［78］P. Andres，E. Vallelado，"Corporate Governance in Banking：The Role of the Board of Directors"，*Journal of Banking & Finance*，Vol. 32，No. 12，2008.

［79］B. Balsmeier，A. Buchwald，J. Stiebale，"Outside Directors on the Board and Innovative Firm Performance"，*Research Policy*，Vol. 43，No. 10，2014.

［80］M. Beasley，"An Empirical Analysis of Relation between the Board of Director Compostion and Financial Statement Fraud"，*The Accounting Review*，Vol. 1，No. 4，1996.

［81］A. Berle，G. Means，*The Modern Corporation and Private Property*，New York：Macmillan，1932.

［82］J. R. Booth，D. N. Deli，"Factors Affectingthe Number of Outside Directorships Held by Ceos"，*Journal of Financial Economics*，Vol. 40，1996.

［83］J. A. Brickley，J. L. Coles，R. L. Terry，"Outside Directors and the Adoption of Poison Pills"，*Journal of Financial Economics*

Vol. 35, No. 3, 1994.

[84] J. W. Byrd, K. A. Hickman, "Do Outside Directors Monitor Managers? Evidence from Tender offer Bids", *Journal of Financial Economics*, Vol. 32, 1992.

[85] Carlos FernÁNdez MÉNdez, Shams Pathan, RubÉN Arrondo GarcÍA, "Monitoring Capabilities of Busy and Overlap Directors: Evidence from Australia Original Research Article", *Pacific-Basin Finance Journal, In Press, Corrected Proof, Available Online*, Vol. 22, 2015.

[86] G. Chen, M. Firth, D. N. Gao, O. W. Rui, "Ownership Structure, Corporate Governance, and Fraud: Evidence from China", *Journal of Corporate Finance*, Vol. 12, No. 3, 2006.

[87] H. W. Chen, F. N. Liao, H. L. Han et al., "The Governance Effect of Independent Director Linkage and Internal Control on Earnings Management", *Business Management Journal*, 2019.

[88] H. L. Chen, W. T. Hsu, C. Y. Chang, "Independent Directors' Human and Social Capital, Firm Internationalization and Performance Implications: An Integrated Agency-Resource Dependence View", *International Business Review*, Vol. 25, No. 4, 2016.

[89] J. Chen, A. Garel, A. Tourani-Rad, "The Value of Academics: Evidence from Academic Independent Director Resignations in China", *Journal of Corporate Finance*, Vol. 58, 2019.

[90] Christophe VolontÉ, "Boards: Independent and Committed Directors?", *International Review of Law and Economics*, Vol. 41, 2015.

[91] S. Armstrong Christopher, E. Core John, R. GuayWayne, "Do

Independent Directors Cause Improvements in Firm Transparency?",
Journal of Financial Economics, Vol. 113, No. 3, 2014.

[92] Cornelli, Francesca, Z. Kominek, A. Ljungqvist "Monitoring
Managers: Does It Matter?", *Journal of Finance*, Vol. 68, No. 2, 2013.

[93] T. G. Coville, G. Kleinman, "Independent Directors and
Dividend Payouts in the Post Sarbanes – Oxley Era", *Advances in
Public Interest Accounting*, Vol. 18, 2015.

[94] H. Demsetz, "Corporate Control, Insider Trading, and Rates
of Return", *American Economic Review*, Vol. 76, 1986.

[95] W. U. Di, Y. Zhang, "Is Independent Director a 'Signature
Tool' in the Process of Enterprise Innovation? The Effect and
Mechanism Based on Chinese Enterprise Data", *Industrial Economics
Research*, Vol. 5, 2019.

[96] S. Djankov, R. La Porta, F. Lopez-De-Silanes, A. Shleifer, "The
Law and Economics of Self-Dealing", *Journal of Financial Economics*
Vol. 88, 2008.

[97] S. Dominguez-Martinez, O. H. Swank, B. Visser, "In Defense
of Boards", *Journal of Economics & Management Strategy*, Vol. 17,
No. 3, 2008.

[98] Ran Duchin, J. G. Matsusaka, O. Ozbas, "When are Outside
Directors Effective?", *Journal of Financial Economics*, Vol. 96,
No. 2, 2010.

[99] Ester Chen, Ilanit Gavious, "Complementary Relationship
between Female Directors and Financial Literacy in Deterring Earnings
Management: The Case of High-Technology Firms, Advances in

Accounting", *Available Online*, Vol. 25, 2016.

[100] E. Fama, M. Jensen, "Separation of Ownership and Control", *Journal of Law & Economics*, Vol. 26, No. 2, 1983.

[101] R. Fahlenbrach, A. Low, R. M. Stulz, *The Dark Side of Outside Directors: Do they Quit When they Are Most Needed?*, Working Paper, Swiss Finance Institute, Nanyang Technological University and Ohio State University, 2013.

[102] S. P. Ferris, M. Liao, "Busy Boards and Corporate Earnings Management: An International Analysis", *Review of Accounting and Finance*, Vol. 18, 2019.

[103] E. M. Fich, A. Shivdasani, "Are Busy Boards Effective Monitors?", *Journal of Finance*, Vol. 61, No. 2, 2006.

[104] E. Fich, A. Shivdasani, "The Impact of Stock-Option Compensation for Outside Directors on Firm Value", *Journal of Business*, Vol. 78, No. 6, 2005.

[105] L. C. Field, A. Mkrtchyan, "The Effect of Director Experience on Acquisition Performance", *Journal of Financial Economics*, Vol. 123, No. 3, 2017.

[106] C. Fracassi, G. Tate, "External Networking and Internal Firm Governance", *Journal of Finance*, Vol. 67, 2012.

[107] Francois Brochet, Suraj Srinivasan, "Accountability of Independent Directors: Evidence from Firms Subject to Securities Litigation", *Journal of Financial Economics*, Vol. 111, No. 2, 2014.

[108] N. Garcia-torea, B. Fernandez-Feijoo, M. De La Cuesta, "Board of Director's Effectiveness and the Stakeholder Perspective of

Corporate Governance：Do Effective Boards Promote the Interests of Shareholders and Stakeholders？"，*BRQ Business Research Quarterly*，Vol. 19，No. 4，2016.

［109］Z. Goshen，G. Parchomovsky，"The Essential Role of Securities Regulation"，*Duke Law Journal*，Vol. 55，No. 4，2006.

［110］F. A. Gul，B. Srinidhi，A. C. Ng，"Does Board Gender Diversity Improve the Informativeness of Stock Price"，*Journal of Accounting and Economics*，Vol. 51，No. 3，2011.

［111］M. GutiÉRrez Urtiaga，M. I. SÁEz Lacave，"Deconstructing Independent Directors"，*ECGI-Law Working Paper*，No. 186，2012.

［112］Hamdani，Assaf，Kraakman Reinier，"Rewarding Outside Directors"，*Michigan Law Review*，Vol. 105，No. 8，2007.

［114］B. E. Hermalin，M. S. Weisbach，"Determinants of Board Composition"，*RAND Journal of Economics*，Vol. 19，No. 4，1988.

［115］B. E. Hermalin，M. S. Weisbach，"The Effects of Board Composition and Direct Incentives on Firm Performance"，*Financial Management*，Vol. 20，No. 4，1991.

［116］B. E. Hermalin，M. S. Weisbach，"The Determinants of Board Composition"，*RAND Journal of Economics*，Vol. 19，1988.

［117］A. Hillary，"Sale；Independent Directors as Securities Monitors"，*Business Lawyer* Vol. 61，No. 4，2006.

［118］D. E. Hirst，"Auditors' Sensitivity to Source Reliability"，*Journal of Accounting Research*，Vol. 32，No. 1，1994.

［119］Christophe VolontÉ，"Boards：Independent and Committed Directors？"，*International Review of Law and Economics*，

Vol. 41,2015.

[120] H. H. Huang, P. Hsu, H. A. Khan, Y. L. Yu, " Does the Appointment of an Outside Director Increase Firm Value? Evidence from Taiwan ", *Emerging Markets Finance & Trade*, Vol. 44, No. 3,2008.

[121] L. J. Hui, T. Ngo, H. Wang, "Independent Director Tenure and Corporate Transparency", *North American Journal of Economics and Finance*, Vol. 57,2021.

[122] B. Hwang, S. Kim, "It Pays to Have Friends", *Journal of Financial Economics*, Vol. 93,2009.

[123] Jay Cai, L. Garner Jacqueline, A. Walkling Ralph, " A Paper Tiger? An Empirical Analysis of Majority Voting", *Journal of Corporate Finance*, Vol. 21,2013.

[124] M. Jensen, "The Modern Industrial Revolution, Exit, and the Failure of Internal Control Systems", *Journal of Finance*, Vol. 48, No. 3,1993.

[125] W. Jiang, H. Wan, S. Zhao, " Reputation Concerns of Independent Directors: Evidence from Individual Director Voting", *Review of Financial Studies*, Vol. 29, No. 3,2016.

[126] Juan Ma, Tarun Khanna, "Independent Directors, Dissent On Boards: Evidence from Listed Companies in China", *Harvard Business School, Working Paper*, 1993.

[127] K. R. Andrews, " Directors' Responsibility for Corporate Strategy", *Harvard Business Review*, Vol. 58,1980.

[128] F. Kramarz, D. Thesmar, " Social Networks in the

Boardroom", *Journal of European Economic Association*, Vol. 11, 2013.

［129］ P. Kumar, K. Sivaramakrishnan, "Who Monitors the Monitor? The Effect of Board Independence on Executive Compensation and Firm Value", *Review of Financial Studies*, Vol. 21, No. 3, 2008.

［130］Kyonghee Kim, Elaine Mauldin, Sukesh Patro, "Outside Directors and Board Advising and Monitoring Performance", *Journal of Accounting and Economics*, Vol. 57, No. 2-3, 2014.

［131］L. A. A. VanBerghe, Tom Baelden, "The Complex Relation between Director Independence and Board Effectiveness", *Corporate Governance*, Vol. 5, No. 5, 2005.

［132］ P. T. Lamoreaux, L. P. Litov, L. M. Mauler, "Lead Independent Directors: Good Governance or Window Dressing?", *SSRN Electronic Journal*, 2014.

［133］ D. Larcker, B. Tayan, *Corporate Governance Matters: A Closer Look At Organizations Choices and their Consequences*, Upper Saddle River, New Jersey: Pearson Prentice Hall, 2015.

［134］ A. A. Laura, L. D. Fermin, S. A. Santigago, "*Discretionary Accruals and Auditor Behavior in Code-Law Context: An Application to Failing Spanish Firms*", *European Accounting Review*, Vol. 17, 2008.

［135］Z. Li, M. Rainville, "Do Military Independent Directors Improve Firm Performance?", *Finance Research Letters*, Vol. 2, 2021.

［136］G. Liu, J. Sun, "Director Tenure and Independent Audit Committee Effectiveness", *International Research Journal of Finance and Economics*, Vol. 51, 2010.

[137] Loh, Charmen, "The Influence of Outside Directors on the Adoption of Poison Pills", *Quarterly Journal of Business & Economics*, Vol. 33, No. 1, 1994.

[138] J. Ma, Khanna, "Tindependent Directors' Dissent on Boards: Evidence from Listed Companies In China", *Strategic Management Journal*, 2015.

[139] M. L. Mace, *Directors: Myth and Reality*, Harvard Business School Press, Boston, Massachusetts, 1986.

[140] S. Beasley Mark, "An Empirical Analysis of the Relation between the Board of Director Composition and Financial Statement Fraud", *The Accounting Review*, Vol. 71, No. 4, 1996.

[141] R. W. Masulis, S. Mobbs, "Independent Director Incentives: Where Do Talented Directors Spend Their Limited Time and Energy?", *Journal of Financial Economics*, Vol. 111, No. 2, 2014.

[142] Mike Adams, Wei Jiang, "Do Outside Directors Influence the Financial Performance of Risk-Trading Firms? Evidence from the United Kingdom (UK) Insurance Industry", *Journal of Banking & Finance*, Vol. 64, 2016.

[143] Montserrat Manzaneque, Elena Merino, Alba María Priego, "The Role of Institutional Shareholders as Owners and Directors and the Financial Distress Likelihood Evidence from a Concentrated Ownership Context", *European Management Journal*, Vol. 34, No. 4, 2016.

[144] N. Arthur, "Board Composition as the Outcome of an Internal Bargaining Process: Empirical Evidence", *Journal of*

Corporate Finance, Vol. 7, No. 3, 2001.

[145] B. D. Nguyen, K. M. Nielsen, "The Value of Independent Directors: Evidence from Sudden Deaths", *Journal of Financial Economics*, Vol. 98, No. 3, 2010.

[146] S. Oh, K. Ding, H. Park, "Cross-listing, Foreign Independent Directors and Firm Value", *Journal of Business Research*, Vol. 136, No. 3, 2021.

[147] K. O'Regan, S. M. Oster, "Does the Structure and Composition of the Board Matter? The Case of Nonprofit Organizations", *Journal of Law Economics & Organization*, Vol. 21, No. 1, 2005.

[148] A. M. Pettigrew, "The Character and Significance of Strategy Process Research", *Strategic Management Journal*, Vol. 13, No. 2, 1992.

[149] P. Pirani, "Independent Directors in Publicly Traded Companies: Origin and Evolution Over Time", *SSRN Electronic Journal*, 2013.

[150] Pornsit Jiraporn, Seksak Jumreornvong, Napatsorn Jiraporn, Simran Singh, "How Do Independent Directors View Powerful Ceos? Evidence from a Quasi-Natural Experiment", *Finance Research Letters*, Vol. 16, 2016.

[151] T. Rajkovic, "Lead Independent Directors and Investment Efficiency", *Journal of Corporate Finance*, Vol. 64, 2020.

[152] W. Masulis Ronald, Shawn Mobbs, "Independent Director Incentives: Where Do Talented Directors Spend their Limited Time and Energy?", *Journal of Financial Economics*, Vol. 111, No. 2, 2014.

[153] S. Rosenstein, J. G. Wyatt, " Outside Directors, Board Independence, and Shareholder Wealth", *Journal of Financial Economics*, Vol. 26, No. 2, 1990.

[154] RÜDiger Fahlenbrach, Angie Low, RenÉ M. Stulz, "Why Do Firms Appoint Ceos as Outside Directors?", *Journal of Financial Economics*, Vol. 97, No. 1, 2010.

[155] S. Schmeiser, "Corporate Board Dynamics: Directors Voting for Directors", *Journal of Economic Behavior & Organization*, Vol. 82, No. 2-3, 2012.

[156] M. Schwartz-Ziv, M. S. Weisbach, "What Do Boards Really Do? Evidence from Minutes of Board Meetings", *Journal of Financial Economics*, Vol. 108, No. 2, 2013.

[157] Shamsul Nahar Abdullah, Nor Hafizah Zainal Abidin, Intan Suryani Abu Bakar, "Exploring the Motives of Appointing Independent Directors", *Procedia-Social and Behavioral Sciences*, Vol. 219, 2016.

[158] A. Shivdasani, D. Yermack, " CEO Involvement in the Selection of New Board Members: An Empirical Analysis", *Journal of Finance*, Vol. 54, 1999.

[159] Steven Schmeiser, "Corporate Board Dynamics: Directors Voting for Directors", *Journal of Economic Behavior & Organization*, Vol. 82, No. 2-3, 2012.

[160] V. Subrahmanyam, N. Rangan, S. Rosenstein, "The Role of Outside Directors in Bank Acquisitions ", *Financial Management*, Vol. 26, No. 3, 1997.

[161] P. L. Swan, S. Honeine, " Is Company Performance

Dependent on Outside Director 'Skin in the Game'?", *SSRN Electronic Journal*, 2011.

[162] X. Tang, J. Du, Q. Hou, "The Effectiveness of the Mandatory Disclosure of Independent Directors' Opinions: Empirical Evidence from China", *Journal of Accounting & Public Policy*, Vol. 32, No. 3, 2013.

[163] L. I. Teng, M. Zhong, "A Research on the Effectiveness of the Independent Director System of Insurance Companies in China from the Perspective of Stakeholders", *Insurance Studies*, 2019.

[164] J. Tirole, "Corporate Governance", *Econometrica*, Vol. 69, 2001.

[165] A. D. Upadhyay, et al., "Inside Directors, Risk Aversion, and Firm Performance", *Review of Financial Economics*, Vol. 32, 2017.

[166] N. Vafeas, "Length of Board Tenure and Outside Director Independence", *Journal of Business Finance and Accounting*, Vol. 30, No. 7-8, 2003.

[167] Vathunyoo, Sila, Angelica, et al., "Independent Director Reputation Incentives and Stock Price Informativeness", *Journal of Corporate Finance*, 2017.

[168] Vijaya Subrahmanyam, Nanda Rangan, "The Role of Outside Directors in Bank Acquisitions; Stuart Rosenstein", *Financial Management*, Vol. 26, No. 3, 1997.

[169] C. VolontÉ, "Boards: Independent and Committed Directors?", *International Review of Law and Economics*, Vol. 41, 2015.

[170] J. Wade, C. A. O'Reilly, I. Chandratat, "Golden Parachutes

Ceos and the Exercise of Social Influence", *Administrative Science Quarterly*, Vol. 35, 1990.

[171] V. A. Warther, "Board Effectiveness and Board Dissent: A Model of Board's Relationship to Management and Shareholders", *Journal of Corporate Finance*, Vol. 4, 1988.

[172] Wei Jiang, Hualinwan, Shan Zhao, "Reputation Concerns of Independent Directors: Evidence from Individual Director Voting", *Review of Financial Studies*, Vol. 29, No. 3, 2016.

[173] B. R. Williams, S. Bingham, S. Shimeld, "Corporate Governance, the GFC and Independent Directors", *Managerial Auditing Journal*, Vol. 30, 2015.

[174] T. Yoo, T. Sung, "How Outside Directors Facilitate Corporate R&D Investment? Evidence from Large Korean Firms", *Journal of Business Research*, Vol. 68, No. 6, 2015.

[175] K. Ye, "Independent Director Cash Compensation and Earnings Management", *Journal of Accounting & Public Policy*, Vol. 33, No. 4, 2014.

[176] C. G. Yust, D. C. Donelson, E. Tori, "Litigation Risk and the Independent Director Labor Market", *SSRN Electronic Journal*, 2019.

[177] Zhijun Lin, Byron Y. Song, Zhimin Tian, "Does Director-Level Reputation Matter? Evidence from Bank Loan Contracting", *Journal of Banking & Finance*, Vol. 70, 2016.